ウェルビーイング・シンキング

はじめに　親愛なる〝わたし〟の人生へ

「あなたは自分の人生を自分らしく歩んでいますか？」

現代は、答えのない時代です。だからあなたが、何かに悩んでいても急いで答えを決める必要はありません。手軽な答えに飛びつくのではなく、あなたが自分らしく自由に生きていくこと。つまりあなたが〝ウェルビーイング〟であること、それこそが、あなたの幸せや豊かさを実現する近道だと思います。

〝ウェルビーイング〟というのは聞きなれない言葉かもしれませんが、心身と社会的な健康、満足した生活を送れる状態、多面的な幸せを意味します。もちろん幸せの尺度は人によって違います。「私にとって幸せとは何なのか？」自分自身に問い、「どうすれば自分らしい暮らしを手にできるか、自分にしかできない本当に大切なこととは何か」を真剣に考えはじめることがとても大切です。

自分は何を軸にして生きていけばいいのか。何からはじめればいいのか。そうした問いの答えを探している人に、ぜひこの本を手に取っていただければ幸いです。そして、読者の皆さんにまず伝えたいのは「自分を愛してください」ということです。「愛からはじめよう」。これがこの本に込めたメッセージです。

愛からはじめることは、自分らしく自然体で生きることであり、自分の道を進むためのポイントになります。こう書いてもすぐには納得してもらえないかもしれません。でも、この本を読んでいただければ、私の伝えたいことを理解してもらえると思います。

そして、この本を読み終えたあなたが、いつか人生を振り返ったとき、今まで生きてきた人生の道のりをいとおしく感じ、「私の人生は愛で満たされ、感謝であふれていた」と思えることを願っています。

私自身の人生を振り返ると、かならずしも安泰や安定だったわけではなく、山あり谷あり波瀾万丈《はらんばんじょう》でしたが、それでもくじけることなく今日までやってきました。

なぜ、くじけずに生きてこられたのか。それは私が苦しんでいるときに、多くの先輩や仲間から愛にあふれる言葉をかけてもらったからです。そうした言葉に背中を押され、「生まれてきてよかった」「人生捨てたものじゃない」と思い直し、前に進むことができたのです。

この本を読んでいただく皆さんも、私が周囲の人たちの言葉に支えられ、くじけずに生きてこられたのと同じように、この本に書かれた言葉によって、自分の人生をいとおしく感じ、「親愛なる〝わたし〟の人生へ」という想いを抱き、思いのままに人生を歩んでいただけたら、これに勝る喜びはありません。

髙橋ゆき

Well-being Thinking ウェルビーイング・シンキング　目次

第2章 志はなんですか 43

第3章 自分らしくあること 63

第4章 孤独を感じているあなたへ

第5章 Life is Beautiful ～人生は美しい～ 101

第6章 苦しい自分を勇氣づける 119

第8章 勇氣をもって、動く 147

第9章 尊敬し合える関係を築く 163

第10章 疲れているあなたへ（そんな日があっても大丈夫）

第 1 章

あなたから手をのばそう

01

あなたに逢えて〝しあわせ〟

この広い宇宙の数ある星の中で、私たちは地球という名の星を選んで生まれてきました。「人生１００年時代」と言われるようになりましたが、地球の歴史は46億年。それを考えたら、私たちの人生は、ほんの一瞬です。同じ星、同じ時代に生まれ、出逢えたのはまさに奇跡。私はそんなすべての出逢いに心から感謝しています。

人生は出逢いでできています。私の人生でも、もしあの人に出逢っていなければという出逢いがたくさんありました。幼い頃、共働きだった両親に代わり、私を育ててくれたのはおばあちゃんでした。心のありよう、生きざまを教えてくれたおばあちゃんとの出逢いがなければ、今の私はいないでしょう。

夫との出逢いは大学時代でした。互いにひかれ合った私たちはお付き合いをはじめるわけですが、その頃から、2人で「社会でなにか役目を果たせないか」と語り合い、後に結婚し、「日本に家事代行サービス産業をつくろう」とベアーズを起業します。私たちは、そのお役目を果たすために巡り合わされたのかもしれません。意味や運命も感じるし、出逢えたことにとても感謝しています。

振り返ってみると自分一人で成し遂げたことなんて、そう多くはありません。いつも誰かが素晴らしいトスを上げ、完璧なパス回しで私をサポートしてくれました。

私たちは誰もが、誰かに出逢い、その出逢いで生かされているのです。

「あなたに逢えて〝しあわせ〟」
「出逢ってくれてありがとう」

そんな想いで、ご縁を大事に紡いでいってください。

02

縁起が良いというのは「ご縁が起きる！」

私は「ご縁」という言葉をよく使います。「ご縁」というのは単なる人と人との出逢いだと思われがちですが、「知り合った」という、ただそれだけでは、それは「ご縁」ではないと思います。

たとえ10年前に知り合ったとしても、名刺やＬＩＮＥを交換しただけであれば、二度と会うことはないかもしれません。月に1度の会合で顔を合わせるとしても、会釈するだけであれば、ただの知り合いというのっぺりとした関係で、その時はまだ「ご縁」は起きていません。

ところが、急になにかの機会に2人がペアになり、そこで初めてお互いにいろんな話をして相手のことを知る。その時、初めてご縁はむくっと起きはじめます。

「縁が起きる」というのは不思議な表現かもしれませんが、「家族は何人だろう?」「好きな食べ物はなにかな?」という具合に、少しでもお互いに興味を持ちはじめたらご縁は起きます。

「縁起」という言葉はご「縁」が「起」きると書きます。私は、初めて出逢った方にメッセージを送るときには、「このご縁を大切に育み合っていきましょう!」という言葉を必ず添えます。ご縁を起こし、それを大切に育んでいくことこそが何より大切だと思っています。

知り合いのカメラマンのSさんは、経営者の方などの写真を撮影する際、以前に会ったことのある相手には、必ず「○年前にお会いしました」「○○という雑誌で撮影をさせていただきました」と、自分から相手に話しかけます。

何も伝えなければ、もしかしたら、相手はSさんのことを思い出すこともないかもしれません。でもこうして語りかけることで、相手も「ああ、Sさんですね、覚えていますよ」「あの時は良い写真をありがとうございました」「お変わりないですか?」と会話をする機会が生まれます。これを繰り返すことで「ご縁」が深まっているのです。Sさんは、とても上手なご縁の育み方をしているなといつも感じています。

ご縁を起こすことを意識しなくては、ご縁は生まれません。ご縁も人生も、大切なのは動かすこと、「ＭＯＶＥ」することです。心を動かし、行動することで、ご縁が生まれ、そこに幸せが生まれるのだと私は信じています。

03 また必ず会うと心に決めるから、また会える

もう一度会いたいと思う人に出逢ったとき、あなたはどうしますか。

私は、「また必ず会う」と心に決めます。「また会いたいな」という願望ではありません。もっと強い「必ず会う」という決意です。そして相手とも、「また必ず会いましょうね」と約束します。このように心に決め、言葉にし、未来を自分に約束すると、高い確率で再び会うことができます。

未来の自分への約束は、人に会うということでなくても構いません。旅行で素晴らしく美しい景色に出逢ったとき、「またここに来よう」と決意する。

今振り返ると１９９３年、仕事で訪れた香港の最後の夜、九龍サイドから香港島の夜景を眺め、〝ここで暮らし、仕事をしよう〟と強く心に決めたからこそ、１９９５年の香港渡航と、そこからの４年の歳月が生まれたのだと思います。

未来を自分に約束することは、自分の未来に種をまくことです。未来の自分への約束は、あなたの人生を変えていきます。

ベアーズには実業団チアダンスチーム「Ｂｅａｒｓ Ｒａｙ」があります。日本時間で２０２３年４月25日にフロリダ・オーランドで行われた世界大会「THE CHEERLEADING AND DANCE WORLDS CHAMPIONSHIP*」にＢｅａｒｓ Ｒａｙは初出場し、ＯＰＥＮ ＪＡＺＺ部門で銅メダルを獲得しました。

私は、チームが演技に入る前、全員を集めて「勝つと心に決めるから勝つんだよ」と伝えました。メンバーは「必ず勝つ！」と未来を自分たちに約束したはずです。その瞬間、みんなの表情ががらりと変わったことを感じ取りました。本番では、見事に演じきり、その結果が銅メダルにつながりました。

未来を心に決め、言葉にして自分に約束しましょう。それが、あなたの人生を彩り豊かなものにするのです。

＊以下「ＷＯＲＬＤＳ」と記載

世界大会の舞台で見事演じきり、銅メダルを獲得した「Bears Ray」

04

どんなに離れていても
心はいつもピタッとそばにいるよ

心から気にかけ、想いを寄せる相手であっても、24時間、３６５日一緒の空間にいることはできません。家族、恋人、友人、上司、部下、お客様……。当たり前ですが、どんなに大事な人であっても、離れて過ごす時間は生まれます。

コロナ禍は特にそうでした。在宅ワークするメンバーと朝礼をしたり、個別ミーティングをしたり。便利な世の中にはなったけれど、スマホやパソコンの向こう側は私にとってはやっぱり遠い。「会いたい人に〝会いたい〟」そう強く感じたものです。

でも一方で、そばにいられることが決して当たり前ではないからこそ「どんなに物理的に距離が離れていても、心が〝ピタッと〟そばにいること」、そして『いつだってピタッとそばにいるよ』と、相手にきちんと言葉で伝えること」が大切なんだと改めて気づかされました。

私は長男が2歳、長女が0歳の時にベアーズを創業しました。創業者として仕事をしてきて、子どもたちと物理的に一緒に過ごせる時間は、決して多くはありませんでした。

でも、子育ては量より質。子どもが小さい頃には交換日記でコミュニケーションをとり合ったり、スポーツや旅行などの体験を共有したりしていました。子どもたちが話す言葉や行動を注意深く見守り、「ママは自分のことをよく見ている」と分かるような声がけを心がけました。悩みがあるときには一緒に解決策を考えました。何より、いつも「ママの心はピタッとあなたたちのそばにいるよ」と伝えてきました。おかげさまで、子どもたちはすくすくと成長してくれました。

一方で創業時、信頼していた社員たちが次々に辞めてしまった時期がありました。当時は、「私はあんなに信頼し愛していたのに……」と悲しい気持ちでいっぱいでした。でも、どんなに愛していても、相手に伝わっていなければ何の意味もありません。今思えば、子どもたちに対してできていたことが、信頼していた社員に対してできていなかったのです。

それからは、愛と感謝を言葉と行動で示すようにしています。握手とハグは当たり前。「心はいつもピタッとそばにいるよ」という言葉もしょっちゅう投げかけています。

もちろんうわべの言葉だけでは見透かされてしまいますから、離れていたって目や心は離さず、「あのときちょっと苦労していたけど、よく踏ん張ったね」と結果ではなく、プロセスを認め、真に寄り添う存在になろうと努力しています。互いに心がそばにあることを〝受信〟し合えば、そこに〝信頼〟と〝絆〟が生まれます。

私が総監督を務める実業団チアダンスチーム「Bears Ray」でも同じです。米国で行われた世界大会「WORLDS」の大舞台では、選手たちにも不安や緊張がありましたが、私は彼女たちと四六時中一緒にいて、励ましたり、勇氣*づけたりすることはできません。

そこで、私が彼女たちに投げかけたのが、この「どんなに離れていても心はいつもピタッとそばにいるよ」という言葉でした。「総監督はどんなときも見守ってくれている」と感じることで、安心やエネルギーを感じてくれたのかもしれません。本番では見事な演技を披露し、世界第3位を勝ち取ってくれました。

それぞれの道に進み、ベアーズを卒業したメンバーもいますが、心にその人がポップアップしてきたときや誕生日には、メッセージを送っています。「会社を離れて何年もたつのに、毎年誕生日メッセージをいただいて感激しています」という返信が来ることもありますが、私に特別なことをしている意識は全くありません。私はベアーズびと全員の人生の総監督を引き受けているつもりです。

離れ離れになったとしても、ご縁に感謝して変わらぬ愛を送り、いつも心はピタッとそばにい続ける。〝人生まるごと応援し合う関係〟でありたいと思っています。

＊私は、勇氣の「氣」に旧字を使います。气（きがまえ）の中の「米」は四方八方に広がるイメージを表し、「氣」の字はエネルギーを発散している様子を示しています。この本の読者の皆さんにはそうしたエネルギーを感じてもらいたいので、ところどころで「氣」を使っています。

05

あなたの手は、誰かをそっと温めるためにある

私はハグ魔で、握手魔です。会社から100メートルほどのコンビニへ行くだけでも、すれ違う社員みんなに声をかけたり、握手をしたり、時にはハグをしたり。

スキンシップで愛を伝えるというだけではなくて、握手をして触れ合うと、その人の心の声が聴こえる、心の絵が見える。言葉にしなくても心の温度を感じる……そんな気がしています。

手を握って「あれ、少し元氣がないね」「どうしたの?」と声をかけると「どうして分かったんですか?」とびっくりされることがあります。そんなときはぎゅっと手を握ったり、優し

く背中をさすって声をかけたり、そばにいてぬくもりを伝えます。

そんな私を見ているせいか、ベアーズの社員たちも、自然と同じような対応をとることが多いようです。

別の社員が落ち込んでいるとき。自信をなくしてしまったとき。体調が悪そうなとき――。手を握る姿や背中をさすってそっとそばに付き添っている姿を見かけることがあります。本当に心優しく、人間的に素晴らしい人たちだと感心します。

あなたの手は、他の誰かを温めることができます。他の誰かを勇氣づけることができます。他の誰かを励ますことができます。

あなたの存在そのものが、誰かの支えになります。

「自分には能力がない」

「何もできない」

こんなふうに卑下する必要はありません。お金をかけなくても、気の利いた言葉を探さなくてもいいのです。あなたから、そばに寄り添い、手を差し伸べてあげましょう。それだけで心が通じ、救われたり、癒やしになったりするはずです。

あなたの笑顔で、誰かが笑顔になれる。
あなたの愛で、誰かが幸せになれる。
あなたのぬくもりで、誰かの心が温かくなります。

あなたがあなたであるだけで、必ず誰かの役に立っているのです。

06

愛のWi-Fi

「愛は雷のように落ちてくるの。でも電波のアンテナが立ってなければ落ちてこないのよ。〝バリ3（ばりさん）〟じゃなくちゃダメよ」

生前、瀬戸内寂聴さんに初めてお目にかかったとき、急にそのように話しかけられました。

当時は、携帯電話で電波の受信状態が最強なときは、画面の左上に電波を示す棒の形が3本立っていて、そのことを〝バリ3〟と呼んでいました。

私は、電波のマークのごとく、感じて受け取る力、キャッチアップする力を持つということが、幸せに生きる秘訣なのではないかと思っています。人生を幸せに生きていくためには、愛を受け取る力、愛を感じ取る力を高めることが大切です。

Ｗｉ-Ｆｉ（無線ＬＡＮ）接続しているときには、扇型のマークがでますよね。自分の中で扇が開くようなイメージを持って、愛の受け取りポートをしっかり開いてください。受信レベルを常に高めておくことが大切です。

愛のアンテナを立てるには、愛に意識をフォーカスし、「受け取ろう」「感じ取ろう」という意思と意識を持つことです。忙しさや気ぜわしさで、愛の受信レベルが低下しないように気をつけましょう。

もちろん、受け取るだけではありません。あなた自身がＷｉ-Ｆｉ並みになにかを放っていることを身体で感じてください。私は、素敵な人や場所に出逢うと、そして強い想いやなにかを生み出す覚悟や決断、大きな変化、エネルギーの流れを感じると、私自身が素晴らしいなにかを受信すると共に、受け取り先のポートが開いて私から発されるなにかが受信され、相互交信しているような感覚を持つことがあります。

それはとても不思議でワクワクします。

家族、社員、友達、取引先、ご近所の方やよく行くお店の人、タクシーの運転手さん……。人生は、出逢うべくして出逢う方とのご縁で成り立っています。愛のＷｉ－Ｆｉ環境を整え、感謝の念を持って、できる限り多くの愛を受け取ること、そして自分からもできる限り多くの愛を送ることが、人生を幸せに生きる秘訣です。

今日もみんなで愛のＷｉ－Ｆｉを飛ばし合っていきましょう。

ハートの木の下で。愛を感じ取り、愛を放つことが幸せの秘訣

07

世界の〝幸循環〟になろう！

愛は循環するもの。送り出した分だけ戻ってきます。幸せも同じです。人にたくさんの幸せを送り出したら、その分、自分に戻ってきて、たくさんの幸せを受け取ることができます。

誰もが、幸せの循環の一端を担っています。世界の〝幸循環〟の一員であると自覚し、幸せを送り出そうと意識することが大切です。

「自分が世界の幸せの一端を担っているなんて、考えたことがなかった」

そう思う人がいるかもしれません。でも、世界というのは、地球をまるごと包む世界だけを指しているわけではありません。

あなたが生活しているコミュニティーも、小さな世界です。職場、学校、サークル、地域……。周りの人と共存共栄している世界の中で、〝幸循環〟の一員になることを心がければ、それだけで心が豊かになります。

一番身近にあるコミュニティーは家族です。

あなたが健康で、日々楽しく過ごしながら歳を重ねていくことは、ご両親にとって間違いなく、とても幸せなことです。それだけで、あなたは、ご両親に幸せを送り出すことができています。家族という世界の中で、〝幸循環〟を呼び起こしているのです。

一方で、「なんてつまらない人生だろう」「自分は本当にダメな人間だ」などと、人生を否定したり、あなた自身を卑下することは、ご両親を悲しく辛い思いにさせ、〝幸循環〟は途切れてしまいます。

過去から何億万もの命が紡がれ、あなたの〝今〟があります。命を授けてくれたご先祖様、大切に育ててくれたご両親、すべてのご縁に感謝し、今を懸命に生きることが、〝幸循環〟の源となります。

もっとシンプルに言うならば、まずは「半径3メートル以内の人を幸せにする!」という意識を持ちましょう。

例えば、会社の中で、半径3メートル以内にいて一緒に仕事をしている仲間というのは、互いにとても大きな影響を与え合う存在です。そこで起きる出来事や交わされるやりとり次第で、職場という世界は天国にも地獄にもなり得ます。

不用意に傷つけたり、おとしめたりしないよう、自分の言動を振り返り、気をつけることが大切です。正しいことを伝えているつもりでも、相手がイヤな気持ちになるようでは、一向に伝わらないどころか、相手は「ここにはいたくない」と思ってしまうでしょう。

愛を持って接すること。優しい心で激励すること。感謝の気持ちで言葉を選ぶこと――。〝幸循環〟を意識し、細やかに氣を配ることがとても大切です。

人はみな愛の中で生きています。一人ひとりが、愛に包まれ〝今〟を生きる幸せに気づいて感謝すれば、誰もが優しい気持ちになって、大切な人に愛や幸せを送る連鎖の一端を担えるはずです。

幸せは自分の心がけ次第。自分が幸せだと感じるから周囲の人を幸せにできます。そして、自分もさらに幸せです。もっともっと世界に幸せの循環を起こしていきましょう。

第 2 章

志はなんですか

08

苦しくなるのが仕事、楽しくなるのが〝志事〟

私は仕事のことを〝志事〟と呼んでいます。社会人になると仕事は人生の大半の時間を占めるもの。その仕事を自分の志と一体化させ、天命・天職ととらえて生きることができれば、とても幸せなことです。

志というのは、夢中になって時を忘れ、成し遂げたいと思うものです。「好き」をはるかに超えたところにあります。情熱と覚悟を持ってやりたいことです。

人に与えられ、「やらねばならない」という感覚でやる仕事というのは、続けるうちにどんどん苦しくなってしまいます。一方、志と一体化させ、夢中になって取り組める〝志事〟は、やればやるほど楽しくなります。

私の志は、日本に家事代行サービスを根づかせること。「誰もが日々の暮らしから幸せを感じる社会をつくること」を〝志事〟と考え、「お茶の間の幸せ度数を上げ、世界に幸せの循環を生み出したい」という想いで走り続けてきました。

正直、「好き」だけでは、とても超えられないことの連続でした。志として、愛と誇りと希望を持って追求してきたからこそ、途中でくじけずに、ここまでやり遂げることができたのだと思います。

少し前に、元国民的プロ野球選手の王貞治さんにお話を伺う機会がありました。通算８６８本のホームラン世界記録を持つ王さんによると、ホームランを打った瞬間にボールがどこまで飛ぶかが分かるそうです。その時の感覚・爽快感は何物にも代えがたかったそうですが、それ以上に、自分がホームランを打てば観客が喜び、スタンドが沸き上がり、日本中の国民が勇氣や希望を持ち、国中が一つになるような感覚を抱いていたといいます。

日々の練習は本当にきつく、苦しいものだったと思いますが、王さんは「ホームランを打ちたい」という一心で、少しも氣をゆるめることなく、練習に魂を込め、全力を注いでいました。ホームランを打つことが、自分にとって一種の使命、お役目のように感じていたそうです。

このお話を聞いて、王さんは、プロ野球選手という職業を、まさに〝志事〟ととらえていたのだと感銘を受けました。覚悟を持ち、志を全うすることだけを考えていたのだと思います。

「プロなんだから手を抜かずに、もっとしっかり練習しろ」と言われているうちはそこまでだということをおっしゃっていましたが、〝志事〟と腹をくくり、志と行動を合致させ、人生を懸けて臨んだからこそその偉業だったのだと改めて感じました。

あなたは、限りある命を、何に使いたいですか？　人生の中心に何を残したいですか？　私はどちらの問いにも、「志を貫くこと」と答えます。志を見つけるには、心と体で感じることです。何があなたの心を突き動かすのか。魂を喜ばせるのか。「生きている」という実感を得られるのか。それを見つけることです。

両手に重い荷物を抱えて歩くおばあさんを助けて、喜ばれたのがうれしくて、介護士を目指す人もいるでしょう。汚れが取れずに困っている人の靴を磨いて、きれいになったのが楽しくて、靴磨きを仕事にしようと思う人もいるかもしれません。

理屈ではなく、夢中になって突き動かされ、「これが私の使命」と感じることを〝志事〟にしていけばいいのです。使命とは命を使うと書きますが、あなたが今、命を使っていることを志と認識できればそれはなんと素敵なことでしょう。仕事を〝志事〟にしましょう。その心の持ち方、考え方で人生はより楽しく充実したものとなります。あなたの命は、キラキラと美しく輝き出すはずです。

09

喜怒哀楽の上には志が立つ

人生には喜怒哀楽といった様々な感情が湧き起こります。湧き起こる感情はあなたの人生を彩り、人生を動かす原動力となります。

私は、人の役に立ったり、人の心を救ったり、人を幸せにするビジネスのヒントは、自分自身の喜怒哀楽の中にあると思っています。

私がベアーズを創業し、家事代行サービス業を志したのも、かつて暮らしていた香港で、〝喜び〟や〝安らぎ〟といった感情を抱いたのがきっかけです。

当時の私は、異国の地で夫婦共働きしながら、初めての妊娠・出産を迎えました。不安だらけの毎日。そんな日々を変えてくれたのが、フィリピン人メイドのスーザンです。

彼女は5歳の息子を母国に残し、出稼ぎに来ていました。スーザンは先輩マザーであり、私の家事育児のパートナーとして、洗濯、掃除、アイロンがけ、買い物、食事づくり、整理整頓などあらゆる家事をサポートしてくれました。仕事から帰った私がやることは、息子を抱きしめ、絵本を読み、一緒にお風呂へ入り、布団でゴロゴロしながら、親子で至福の時間を過ごすこと。スーザンが我が家の暮らしをサポートしてくれたことで、私は私らしく日々を丁寧にイキイキと過ごすことができました。彼女によって、私の人生はビビッドに輝き出したのです。

この原体験を経て、私は一人でも多くの人に、家事代行サービスを届けたいと思うようになりました。そして「日本で家事代行サービス業という新たな産業をつくり出す」という大きな志を抱くようになり、ベアーズを創業しました。今、私は家事代行サービス産業が、日本の新しい暮らしのインフラに発展するよう、日々心を込めて、命がけでサービスを提供しています。

私の毎日は、それこそ喜怒哀楽のすべてがギュッと詰まった鍋料理のような状態です。

ときに哀しいことも怒りを感じることも起こります。

〝喜び〟や〝楽しさ〟はいいけれど〝怒り〟や〝哀しさ〟は感じたくないという方もいらっしゃるでしょう。でも私は、人生はいろんなことにチャレンジをして、いろんな想いをした方が良いと思っています。強い感情は行動を起こす原動力となり、人としての深みや潤い、弾力性を身につけることにもつながるからです。

喜怒哀楽は心身をエネルギーで満たしてくれます。あなたも喜び、怒り、哀しみ、楽しみの感情に目を向け、大事にしてください。そこに、あなたの志が宿るはずです。

10

私たちは何をしに〝今ここ〟にいる!?

仕事がつまらないと感じたり、うまくいかずに落ち込んだりする社員がいます。そういうとき、私は「あなたは何をしたくてベアーズに来たの?」と尋ねます。

「世の中を変えたかった」

「女性が生きやすい未来をつくりたかった」

みんな、忘れかけていた自分の原点や会社の中での役目を思い出します。誰もが無理やり連れてこられたわけではなく、なにかしらか自らの意思を持って、入社してきたはずなんです。なぜ自分がここにいるのかを思い起こせば、自分の存在がいとおしく、価値あるものに感じられ、「もっとできる」「もっと頑張りたい」という意欲も湧いてきます。

人生についても同じことが言えます。

「私たちは何をしに〝今ここ〟にいるのか？」

時々、歩むのをやめて立ち止まり、自分自身にこう問いかけてみましょう。

人生は想いと行動でできています。ワクワクが夢になり、想像になり、妄想になり、想いに至ります。想いがあふれると、人は自然と体が動きます。想いと行動で、人生はどこまでも豊かになります。

この星（地球）は想いと行動の星です。老若男女、志という灯を抱いた人が、遠慮もためらいもなく、一度しかない〝今〟を思い通りに生き抜いていっていいのです。せっかくこの地球で授かった命。意思と意識を合致させ、愛と感謝であふれさせ、〝今ここ〟を熱く生き抜いていきましょう。人生やりたいことで埋め尽くしましょう。

あなたはどこにでも行けます。なんでもできます。自分を信じて突き進みましょう。

11

唇に夢を心に笑顔を

「叶《かな》う」という漢字は口へんに「十」と書きます。10回口にすると、夢は叶う、と私は信じています。

想いを、夢を、何度も口に出しましょう。夢を語っていると、自分の心は一層、ワクワクしてきます。共感してくれる人を引き寄せ、その人たちの力も借りられるので、夢の実現度がぐんと高まります。

私は創業の頃から、「社員みんなでバーベキューがしたいな」「大運動会を開いて汗を流し、大きな声で応援したら、気持ちいい1日が過ごせるね」と口にしていました。共感した人たちが自発的に動いてくれたことで、バーベキューも大運動会も実現しました。

大それた目標や志でなくてもいいのです。

「年に2回ぐらい友達と温泉に行きたいな」「結婚記念日にはバッグが欲しいの」と、日常のささいなことでも、想っていることを口に出してみましょう。口にすることで周りの人と心が通じ、夢や想いが叶う可能性が高まります。前向きな言葉を発し、想いをエネルギーに変えて、プラスエネルギーの循環を自ら生み出していきましょう。

そして、心にはいつも笑顔を浮かべましょう。自分の笑顔はもちろん、家族や友人、知人など、たくさんの人が笑っているところを思い出してみてください。

人は、自分のためだけには頑張れません。でも、家族や友人など、大好きな大切な人の笑顔が心に浮かんだらどうでしょう。「自分は独りぼっちではない」と感じ、温かく幸せな気持ちになり、「もうちょっと頑張ってみよう」と思えるのではないでしょうか。

唇に夢を心に笑顔を――。これは私を育ててくれたおばあちゃんが、その生きざまの中で教えてくれたことです。堂々と生き、常に優しい気持ちでいたいものです。

12 うまいプレゼンより、愛を感じるプレゼンが最強

「プレゼンが苦手」「自分なんかとてもじゃないけどうまく話せない」そうおっしゃる方がいます。でも私はいつも「うまい下手じゃないの、愛があればいいんだよ！　自信を持って！」と背中を押しています。

私は起業志望者向けのイベントやビジネスプランコンテストなどで、大勢の方のプレゼンテーションを見聞きする機会がよくあります。

中には立て板に水とでもいうように流ちょうにお話しされる方もたくさんいます。

でも、「統計ではこれだけの人口がいる」「こんなに多くの市場規模が見込める」「持続的に安定供給できれば、これだけのＫＰＩを達成できる」……こういう内容ばかりだと、どんなに流ちょうな語り口で「うまい」と評価されるようなプレゼンでも、なんだか言葉ばかりが上滑りして、全く心がこもっていない、作り物のように感じてしまいます。

一方で、心に残るのは愛を感じるプレゼンです。途中で言葉が詰まったり、かんで何度も言い直したりしたとしても、「私がつくりたいのは、みんなが笑顔でいられる社会です」など、その人の夢や目指す世界観、それを実現するために今何をしているかを真摯に語ってもらった方が、ずっと心に響きます。想いが伝わり愛を感じるからです。

２０２３年8月、一般社団法人全国家事代行サービス協会は創立10周年を記念し、初めての「全国家事代行サービスアワード ２０２３」を実施し、全国の家事代行サービス会社22社からトップスタッフが一堂に会し、サービスの現場で生まれた感動のストーリーを披露しました。

ベアーズでも、登壇スタッフを選定しましたが、人物的にも能力的にも素晴らしく、そのうえで「うまく話せる人」ではなく「ありのままの愛を表現できる人」を基準に選んでもらいました。人選後に私が面談した際も、「ありのまま、自分の言葉で話してね！」「きれいな言葉に取り繕う必要はないからね！」と伝えました。彼女は「肩の荷がおりました」と言って、当日もとても彼女らしい等身大の、そして愛のこもったプレゼンで、その場にいる人たちを魅了してくれました。

プレゼンはうまく見せようと肩肘張る必要はありません。下手でもいい。誰だって等身大のあなたの、ありのままの、真心のこもった、愛にあふれたプレゼンが聞きたいのです。

13

志を実現したとき、人は幸せになれる

幸せってなんでしょうか？「気に入った服が欲しい」「旅行に行きたい」など、買いたいモノを買い、食べたいモノを食べ、行きたいところに行けるなら、それはもちろんとてもうれしいことでしょう。でも、そうした欲求や願望をいくら満たしても、つかの間の喜びだけで、「真の意味で満ち足りない」「本当の幸せを感じることができない」という方が多いように思います。

私は講演で様々なワークショップを行う際、「あなたは周囲から『どんな人』と言われたい？」「どんなときにあなたは一番幸せを感じられる？」とよく問いかけます。

多く寄せられるのは、「『頼りになる存在』と言われたい」「誰かの役に立っているとき、誰かと一緒になにかを成し遂げたときに幸せを感じる」という回答です。

誰にも頼られない人生は寂しいものです。頼られる存在になるには、仲間の役に立つこと、会社や地域や社会の役に立つことが必要です。仲間や会社や地域や社会の役に立つということは、みんなの夢や志の実現に貢献することです。

自分を頼りにしてくれる人がいる。自分がやるべき仕事がある。

誰かと想いを共に分かち合い、一緒になって夢や願いを実現させていくプロセスは何にも代えがたいものです。

自分の世界で、自分の心と身体が喜ぶように生きることももちろん良いでしょう。

でも人は、自分一人の欲を満たすだけでは物足りないのです。愛と尊敬の心を持って、共感してくれる仲間と一緒に志を実現し、共に称え合い、喜びを分かち合ってこそ、本当の幸せを感じられるはずです。

第 3 章

自分らしくあること

14

一番うれしい出逢いは自分が〝ほんとうのじぶん〟と出逢えたこと

あなたが「人生において出逢えて良かった」と思う人は誰ですか？

家族、親友、恩師、恩人……。様々な人が思い浮かぶことでしょう。そこにぜひ、加えてほしい人がいます。それは、あなた自身。〝ほんとうのじぶん〟です。

私はベアーズの社員からはもちろんですが、知人や友人からも、とても多くの悩みや相談を受けます。ほとんどはＬＩＮＥやメールでの相談ですが、あるとき、１年間にどれぐらい悩みや相談を受けているかを数えたら、なんと４０００件もありました。行き詰まったり、納得がいかなかったり、苦しい思いをしたり、自信が持てなかったり、多くの人が色んな悩みを抱えています。

なぜ、そういう状態に陥ってしまうのか。それはもしかしたら、今の自分を否定してしまうからかもしれません。悩みごとは、自分の中で生まれるものです。「認めてもらえない」「うまくいかない」という焦りや悲観から生じます。自分の気持ちに蓋をしたままモヤモヤしてしまう時こそ、〝ほんとうのじぶん〟という存在に目を向けてください。そしてネガティブな自分のことも認めてあげると一気にラクになります。

長い人類の歴史の中で、この世に生まれ、自分が今の〝じぶん〟として生まれてくるのは、奇跡のような出来事です。ありのままの素直な心で本当の自分を受け止め、「自分と出逢えたことは幸運だった」と肯定するだけで、自分に対して、ほっと優しい気持ちが生まれます。命という名の人生を、この上なく、いとおしく、大事なものととらえることができます。

誰かに出逢うのはステキなことです。でも、その前に、自分に出逢えたことに感謝しましょう。そして〝今ここ〟、〝本音〟、〝本心〟、〝ほんとうのじぶん〟と目を合わせることを怖がらず、「これが私らしい」と認めてあげましょう。

15

今日のあなたの志の調子はいかがですか？

「今日のあなたの志の調子はいかがですか？」

私が講演会やセミナーで登壇する機会をいただいたとき、最初に問いかけるのがこの言葉です。

志というと、「社会課題を解決したい」「世の中を変革したい」というような、理想の実現に向けた強い理念や信念をイメージするかもしれません。私がここで表現しているのは、そこまで大それたことではなく、ささやかであっても、「こうしよう」「こうしたい」と自分が心に決めたことを含んでいます。

志の調子とは、そう心に決めたことに対する向き合い具合のことです。その日のコンディション次第で、本氣の覚悟で「こうしよう」と決めた志も、時に揺らいでしまうことがあります。もしかしたら、同じ一日のうちでも朝と夜とで、志の調子が変わってしまう人もいるかもしれません。

人は弱い生き物です。いつ、何があっても、常に志を高く持ち続けられるわけではありません。自分で自分をしっかりマネジメントしてコンディションを良好に保ち、志の調子を整えることを意識しましょう。

コンディションを良好に保つには、身体を鍛え、体力を養うことが一番効果的です。身体が健康で、エネルギーに満ちていれば、志の調子も上がります。判断や選択を間違えることもありません。逆に「今日の志は30％しかない」と自覚しているようなときは、難しい判断や選択は避けて、100％に回復するまで待ちましょう。

腰痛持ちの私は、最近、朝早く起きて40分かけてストレッチをしています。骨盤も矯正され、体調はバッチリ。おかげで志の調子も最高です。自分の志の調子と向き合い、前向きなエネルギーを発信できるコンディションづくりを心がけましょう。

16

潤っていますか？ あなたの心と笑顔

鏡を見て、そこに映る自分を確認してください。鏡の中のあなたはキラキラ輝いていますか？

私が憧れるのは、心と身体に弾力性と潤いがあって、いくつになっても美しい女性。いつも笑顔で口角が上がり、情熱的な目にはキラリと星が入っています。そして前向きで、キビキビと楽しそうで、背筋がすっと伸び、年齢を感じさせません。

疲れると、誰しも、髪や肌、表情にその変化が如実に現れます。年齢を重ねるとなおさらです。髪の毛はボサボサ。肌はたるんで、口角は下がり、表情もなんだか暗い……。そんな疲れ切った自分の姿が鏡に映ったら、あなたはどう思いますか？

「こんなにボロボロになっているなんて、私かわいそう」

「苦労ばかりでいいことがないから、こんな姿になってしまうのだ」

疲れ切った自分の姿にがっかりして、余計にエネルギーが失われ、心と笑顔がさらにカサカサになってしまうかもしれません。

逆に、髪の毛はツヤツヤ、肌もピカピカでイキイキした笑顔の元氣な自分が映れば、「今日の私、イケてる！」「充実していて幸せ！」と感じられるのではないでしょうか。

忙しくても自分自身を愛して、決して無理をさせないこと。心と身体を整えて、毎日の自分をニュートラルに保つことがとても大事です。他人のためではなく、あなた自身のために、心と笑顔が潤うように努力しましょう。

身体が悲鳴を上げているなら、とにかく身体を休ませてください。

一方で、仕事がマンネリ化して、チャレンジが少なくなっているなら、緊張感と刺激が効果的です。使命を感じているか、喜びを感じているか。ただの作業になっていないか。自分自身に問いかけてください。

使命感を持てる仕事に全力投球し、自分のお役目を果たす。親しい友人と会い、楽しい時間を過ごす。おいしいモノを食べに行く。心躍る映画を見る。家族で穏やかに語り合う——。

あなたの心と笑顔が潤う、そんな工夫を重ねてください。

夜遅くのオフィスでの1枚。どんな時も
かっこいいと思える自分でいたい

17

自分は不完全であると認識することが新たな夢のはじまり

人は完璧を目指しがちです。完璧な状態こそ最高・最強だと思い、完璧な人を羨んだり、不完全な自分を認められず落ち込んでしまったりします。でも、不完全ってダメなことでしょうか？

「自分は不完全である」と認識すると、「もっとできる自分」を想像し、「もう少し頑張ってみよう」と背伸びする気持ちが芽生えます。不完全だからこそ、まだまだ成長できます。夢を描いて挑戦できます。不完全な状態の方が、人生に伸びしろがあって、「楽しみはまだまだいっぱいある」とワクワクしてくるのではないでしょうか。

不完全な自分を認識することは新たな夢のはじまり。「私はこれでいい」「今の状態が完璧」

と思ってしまったら、それは傲慢と衰退のはじまりです。

ベアーズの創業者で副社長の私は、おそらく会社の中では、「なんでも知っている頼れる存在」と思われています。社内では、私に教えたり、注意をしたりしてくれる人には、なかなか出逢えません。自然と、自分の不完全な部分に触れる機会が少なくなります。

でも、一歩外に出たら全く変わります。幸い、私は経済団体の副会長を務めたり、ロータリークラブ活動に携わったりする中で、人生経験豊富な素晴らしい多くの先輩と触れ合う機会があります。

先輩は皆さん、苦労や大きな挫折を克服した経験などをお持ちです。そうしたお話を聞くと、「私はまだまだ甘いな」と感じます。自分に足りないところや学ぶべきところがたくさんあると改めて気づかされ、感謝の気持ちも芽生えてくるのです。

自分が不完全であると気づき、謙虚になれる場があるのは、とてもありがたいこと。私は好んで、先輩たちが多く集まる場に身を置くようにしています。自分で積極的にそういう環境をつくり、自分を見つめ直すのも、とても大切なことだと思います。

18

本当につながらなきゃいけないのは自分

あなたはきちんと自分とつながっていますか？

自分とつながるというのは、自分の魂と正面から向き合い、状況や感情を整理し、理解することです。

どんなシチュエーションにいると心地良いのか。
得意なことは何なのか。
何を食べると元氣が出るのか。
自分とつながり、こうしたことを知っておくことが大切です。

「好きなこと、嫌いなこと、得意なこと、苦手なことを書き出してみましょう」――。

セミナーなどでこう提案すると、嫌いなことや苦手なことは書けても、好きなこと、得意なことが書けない人がたくさんいます。自分にピントを合わせ、本当の自分とつながっている人は少ないようです。

私は30歳の頃、パニック障害を発症しました。思えばその頃の私は、創業初期の会社と一家の家計を支えるためにがむしゃらに走り続け、仕事と育児の過労で入院。家族、上司、同僚にばかり目を向けて、自分のことには焦点を合わせずピンぼけのままでした。本当につながらなくてはいけないのは自分だったのに、それができていませんでした。

私は今、「ホースコーチング」を学んでいます。

ホースコーチングとは、馬を介在したコーチングプログラムです。馬は、繊細で敏感、とても賢い動物で、人間の感情の変化を感じ取り同調する特性があります。その特性を使って、人間が自分の感情に気づき、コントロールする力を体得するのが、ホースコーチングの狙いです。つまり自分とつながることを一つのゴールとするものです。

「人馬一体」という言葉があります。乗り手と馬が一つになったかのように、なめらかに連携することです。昔、馬術にたけた武将は、思うがまま馬を操り、サッと止めたり、忍び足をさせたり、パッと駆けさせたりしていました。

それができるのは、乗り手と馬とがつながっているからです。そして、乗り手は自分とつながっていなくては、馬とつながることはできません。今も、こうして私は自分とつながるトレーニングをしています。

「いつもはパンが好きだけど、今日は力が必要だからご飯を食べよう！」
「疲れているから今日は食べるよりも寝ることを優先しよう！」
そんなふうに考えることができて、自分の心身を上手にコントロールできるのは、自分とつながっているからです。心や体に無理なことをしたり、見て見ぬふりをしたりするのはやめましょう。自分の好き、嫌い、得意、苦手をよく理解し、上手に心と体をマネジメントして自分のご機嫌を取ってください。そうすれば、たった一度の人生を輝かせることができるはずです。

自分にピントを合わせ、自分とつながること。それができれば、他人とも上手につながれます。今日を明日へ、未来へとつなげることもできます。

自分とつながり、あなたらしい人生を歩んでいきましょう。

19

自分を知る

私の息子が先日入籍しました。結婚のお祝いに、彼のルーツをたどった家系図を贈ろうと思っています。家系図を見た彼は、奇跡のような命のありがたさを感じ、これからの人生を有意義に過ごしてくれることでしょう。

どんな人にも、必ず命を授けてくれたお父さんとお母さんがいます。その上の代にはそれぞれ、おじいさんとおばあさんがいます。さらにその上にはひいおじいさんとひいおばあさんがいて、さらにその上にも……。何代も何十代も、命のバトンをつないできてくれたおかげで、今のあなたは存在します。

あなたがあなたとして生まれてくる確率は、なんと250兆分の1しかないと聞いたことがあります。ご先祖さまのうちの、一人でも欠けていたら、今のあなたは存在しません。それを考えると、今、あなたがあなたとして生きていることは、本当に奇跡のような出来事です。

この世にオギャアと生まれたばかりの赤ちゃんだった頃、あなたが3時間以上放置されることはありませんでした。両親やお世話をしてくれる人が、ミルクを与えてくれたり、おむつを取り替えてくれたり、抱っこをしてくれたり、お風呂に入れてくれたりと、絶え間なく、丁寧に心をかけてくれたことで、無事に成長してきました。そこには確実に愛があったのです。

こういう自分のルーツや生い立ちを知れば、奇跡のような確率でこの世に生まれ、愛に包まれ育ってきたことに感謝の心が芽生えるはずです。

今、あなたは悩みを抱えているかもしれません。でも、自分のルーツを知れば、どんな悩みごとも本当にちっぽけなことだと思うはずです。もしかしたら毎日、コンビニ弁当やスナック菓子ばかり食べているかもしれません。でも、大切に育ててくれたご両親の愛情に想いをはせると、細胞の一つひとつが喜ぶような栄養を取らなくては申し訳ないという気持ちになるのではないでしょうか。

何者かにならなくてもいい。ただ、〝今ここ〟にある命を抱きしめて、優しい気持ちと感謝の心を持って、自分を大切にしながら人生を輝かせてほしいと思います。

「自分を知る」には「自分のルーツを知る」以外の意味もあります。それは、「あなたの心と体が喜ぶことを知る」ことに通じています。

運動するのが心地良い人もいます。美術館巡りをすると心が満たされる人もいます。友達と会いおしゃべりするのが何よりも幸せという人もいるでしょう。あなたがワクワクすることを選び、行動することで、あなたの人生は一層充実したものとなるはずです。

人には目があり、耳があり、手があります。そして人生は見るもの、聞くもの、触れるもので形成されています。

美しいものを見たり、聞いたり、触れたりすれば、美しい人生になります。逆に醜いものを見たり、聞いたり、触れたりすれば、醜い人生になってしまうと私は考えています。

だから私は、人をばかにするようなバラエティー番組や噂話やゴシップを垂れ流すようなワイドショーを好みません。戦争などの悲惨な映像もなるべく見ないようにしています。

素敵な人と会い、素晴らしい景色を眺め、美しい音楽を聴く――。あなたの心と体が喜ぶことを、自分の意思で、丁寧に選び取り、心豊かに生きていきましょう。何代にもわたって受け継がれてきた、奇跡のような〝今ここ〟にある命を輝かせるために――。

20

心のままに生きているあなたは美しい

赤ちゃんがおなかがすいて「ワーッ」と泣いているときというのは、ものすごいエネルギーを発していますよね。

「今、お母さんは忙しそう」「泣くのは少し我慢しよう」などと思うことなく、心のままに意思表示をしているから、あれだけのパワーになるのです。

私たちも赤ちゃんと同じです。自分の心のまま、表現し、行動した時のエネルギーにかなうものはありません。

アスリートが人生を懸けて試合に挑むとき、「絶対に勝ちたい！」と想う心そのままに、ひたすらプレーする姿は、迫力とオーラに満ちています。喜んでいるとき、泣いているとき、悔しい顔をしているとき、どの一瞬を切り取っても、放たれたエネルギーで存在そのものが美しく輝いています。

誰でも、自分の心にウソをついたり、本当の気持ちと反したことをやろうとしたりすると、思考にも影響が出て良いパフォーマンスは発揮できません。自分の心のまま、ありのままに生きる。ワガママではなく、〝我がまま〟に生きることです。

「こういう仕事ができたら幸せ」
「仕事のやり方をこう変えられたらモチベーションが上がる」
そう思うなら、あなたの心を素直に打ち明けてみましょう。共感したり、その想いを尊重しようとしたりする人が現れます。また様々な個性が混ざり合うことで、ダイバーシティーにもつながり、あなたの希望を実現するアイデアが見つかることでしょう。

心のまま、あなたらしく、人生を紡いでいきましょう。

21

お茶の間の幸せ

ベアーズは創業以来、「家事代行サービス業」という新たな産業の創出に挑戦してきました。その立場から思うのは、「幸せはお茶の間から生まれる」ということです。

面白い映画を見たり、遊園地ではしゃいで遊んだり、おいしいごちそうを食べたりと、外で楽しい時間を過ごすことは、幸せの源になります。でも、友達と笑顔でハグして別れても、その後に家に帰って玄関を開けたとき、なんだか心寂しく不安に感じてしまったら、楽しかった想いも一気に色褪《いろあ》せてしまいます。

逆に、家が心安らぐ温かな場所で、「今日もいい一日だった」「幸せな時間を過ごせた」と思い出し、ホッと一息つくことができるならば、楽しい想いはさらに心に染み渡り、その一日はステキな想い出となって、次の日をイキイキと過ごす活力となるはずです。

世の中に「パワースポット」と呼ばれる場所はいくつもありますが、本当は自分が暮らす家こそが、最強のパワースポットでありサンクチュアリ（聖域）であるはずです。家庭の幸せ、すなわちお茶の間の幸せは、その人の暮らしの質を、さらに言えば人生の質を向上していきます。幸せと感じる暮らしはウェルビーイングにつながっています。

私たちベアーズは、「出逢ったお客様のお茶の間の幸せ度数を高める」という想いでサービスを提供しています。

そして、私はその担い手である社員たちに、自分たちの手掛ける仕事がお茶の間の幸せ度数向上に貢献するとても有意義な素晴らしい仕事であることを忘れず、心に留めておいてほしいと思っています。加えて、社員たち自身が、自分のお茶の間の幸せにピントを合わせ、その向上に努めることも、心から願っています。

お茶の間の幸せを意識し、日々のウェルビーイングを高めていきましょう。

第 4 章

孤独を感じている
あなたへ

22

誰にでも辛いときはある、悲しいときもある、だけどいつだって独りじゃない

人間は誰でも、独りで生きていくことはできません。家族、友人、同僚、上司、部下……。様々な人に励まされ、支えられています。

生きていれば、辛いことも、悲しいことも起きます。大切な人との別れが訪れたり、簡単には立ち直れないような挫折に直面したりすることもあるでしょう。そんなとき、「この想いは誰にも分かってもらえない」と孤独を感じてしまうかもしれません。

でも、あなたの周りには、辛さや悲しさを１００％理解することはできなくても、「少しでも分かち合いたい」という想いで、愛を届けようとしてくれる人がいるはずです。

数年前、私は会社に行く途中でお財布をすられ、手元に現金もキャッシュカードもクレジットカードもなくなってしまったことがあります。唯一残っていたＳｕｉｃａを使い、やっとの思いで会社に到着すると、２人の女性社員から「ご飯に行きましょう」と誘われました。ふだん社員と一緒に食事に行くときには、私がいつも支払いをします。「お財布をすられたから今日は一銭も持っていないよ」と伝えると、２人は「だから一緒に行くんですよ！」と言います。その日、私を連れ出した２人は、夕飯をごちそうしてくれました。

独りで過ごしていたら、自分の不注意を責めたり、落ち込んだりしていたかもしれません。２人はそんな私を気遣い、立場を超えてそっと手を差し伸べてくれたのです。本当にありがたく、幸せな気持ちでいっぱいになりました。そういう仲間がいることは私の支えであり、誇りだと思いました。

周りの人の愛に気づくと、「自分は一人ぼっちじゃない」と心が強く、温かくなります。「こんなに辛いのは私だけ」「誰もこの悲しさを分かってくれない」と自分のうちに閉じこもってしまうのではなく、いつでも心を寄せ、一緒にいてくれる人がいることを思い出し、感謝の心を持ちましょう。

23

ココロのよりどころ、居場所は大事

ココロのよりどころと心地良い居場所があると、人は十分にエネルギーを蓄え、力を発揮することができます。意識して、ココロのよりどころや居場所をつくることが大切です。

ココロのよりどころというのは、そこに身を預けると、喜びが自然に湧きあがったり、励まされたりする存在のことです。家族でも、親友や恋人でも構いません。もしかしたら、ペットや〝推し〟の存在が当てはまるという人もいるかもしれません。

居場所とは、そこで果たせる役目や役割があり、いつでも帰れる場所のことです。「ここにいても、やることがなくてつまらない」と感じるようなら、そこは、あなたにとっての居場所ではありません。

では、どうしたらココロのよりどころや心地良い居場所をつくれるのか。大切なのは、まずあなた自身が誰かにとってのよりどころ、居場所になることです。

私は、日々、「出逢った人が私のことをココロのよりどころにしてほしい」と思いながら過ごしています。社員には、「人生がうまくいっているときは私のことは忘れていいよ。でもつまずき、悩み、困ったことがあったら、私のことを思い出してね」と伝えています。

前にも書きましたが、私には1年間に4000件もの相談が届きます。「仕事に悩んでいる」「親との関係がうまくいかない」「夫婦ケンカした」「今判断しないといけないけど決められない」など、ささいなものから深刻なものまで、メール、LINE、メッセンジャーなどいろいろな通信ツールにメッセージが入ってきます。

こうして、誰かのココロのよりどころ、誰かの居場所になりたいと考え生きていると、自然と、自分自身のココロのよりどころや居場所が増えていきます。一人が備える知恵やすべは限られています。ココロのよりどころや居場所がいっぱいあると、新しいアイデアを生み出したり、高い目標を設定できたりと、よりパワフルに前進できるのです。

24

帰る場所があるから人は強くなれる

誰にも帰る家があります。多くの人にとって、家とはほっとできる、くつろげる、自分をさらけだせる、「心理的安全地帯」です。そういう場所があるから、人は芯から強くなり、外で闘うことができます。

社会人になった私の娘は今、週末だけ実家に帰ってきます。月曜から金曜まで、外で背伸びして頑張っている娘には、実家でエネルギーを蓄え、本来の自分を取り戻し、ニュートラルポジションからまた出社できるようにしてあげたいと考えています。

私はベアーズという会社を、社員にとっての「家」にしたいと思っています。社員が外に出て、営業活動を行ったり家事支援を行ったりするときに、強い心を持って力を発揮できるよう、会社を心理的安全地帯にしたい。そのために、会社を優しさや信頼や絆で満たしたいのです。

ベアーズでは、本社も支店も、オフィスの入り口に線を引き、社員が出入りするときにはそこに立って、「行ってきます」「ただいま帰りました」と挨拶する決まりをつくっています。その場にいる社員たちは、出て行く社員を「行ってらっしゃい」と元氣よく送り出し、戻った社員を「お帰りなさい」と温かく出迎えます。

新型コロナ感染症の流行後は、感染予防のために大きな声を出しにくい時期がありました。それでも、「行ってきます」「行ってらっしゃい」「ただいま帰りました」「お帰りなさい」のやりとりは、必ず行っています。社員たちは何気なく繰り返している習慣ですが、そこにあるのは、「会社を家と同じ心理的安全地帯にしたい」という想いです。

私自身も、いつも縁あって出逢った人たちの帰る場所になることを意識しています。「なにかあったら、いつでも私のところに来てね」と言葉でも態度でも示します。帰る場所を得て強くなり、いつでも持てる力を存分に発揮してほしいと願っています。

25

涙を知って人は笑う

悲しみや苦しみを経験して、それを乗り越えた人、乗り越えようとする人は、人間的に深みや厚みを増します。

痛みを知ることで、他の人の痛みに寄り添うことができます。今あることに感謝もできます。涙の数だけ、強くなれるのです。

ベアーズの社内にも、悲しい思いや辛い出来事を経験する社員はいます。彼、彼女らは、１週間、１カ月、２カ月と時間をかけて、少しずつ本来の自分を取り戻していきます。私はそういう社員のことを「Ａさんは大丈夫かな？」「この経験を乗り越えられるかな？」といつも気にかけています。

まだまだ心身が不安定で決して万全ではない中で、Aさんの仲間が、体調を崩したり、苦しい経験に遭遇したりするシーンを目にすることもあります。

そういうとき、Aさんは自分からごく自然にその仲間に優しく寄り添っていて、ふと目が合った私に「大丈夫、おまかせください」とでも言うように、笑顔を見せてくれます。

きっとAさんも、悲しい思いや辛い経験を乗り越える過程で、仲間たちの支えや助けを実感したのでしょう。一緒に笑ってくれる人も大事ですが、一緒に泣いてくれる人がいるというのはとても幸せなことです。Aさんは涙の中で自分が感じた愛と感謝を「恩送り」をしているのです。仲間を支えるAさんの姿には使命感すら漂います。私からすると、悲しみや苦しみを知っている人は一番頼りになります。

涙を知ることとは、いつか、誰かの涙に寄り添うための貴重な経験なのかもしれません。涙を超えた先に、喜びも幸せも待っています。それに気づいたとき、心からの笑顔が生まれるのです。

26

「ごめんなさい」「ありがとう」「あいしてる」これだけあれば生きていける

言葉には「言霊」が宿っています。心を込めた言葉は、それだけで神秘的な力があり、エネルギーを発するものです。

中でも、人間が人間らしく、人と人との関係の中で気持ちよく生きていくために欠かせない、特別な言葉があります。それが、「ごめんなさい」「ありがとう」「あいしてる」という3つの言葉です。

「ごめんなさい」は、相手に対して謝る言葉に思えるかもしれませんが、それだけではありません。「できない自分」を認め、許してあげるからこそ、素直に出すことができる言葉です。

自分の心の核と闘い、十分に消化し、納得した上で発した「ごめんなさい」という言葉は、とてもピュアで美しく、強いものです。心から発する「ごめんなさい」の言葉で、相手とも、きちんとつながり合うことができます。

「ありがとう」という感謝の心の表現は、誰にも心地良く聞こえるものです。素直に感謝の心を伝えれば、自分と相手の間に、優しく幸せなエネルギーが生まれます。

「あいしてる」は相手を受け入れ、大きく包み込む言葉です。「あなたはあなたのままでいい」と伝えることができます。

この3つの言葉は、発した瞬間にその場の空気を一気に変える、とてつもないパワーを持ちます。この3つの言葉さえあれば、人生を心豊かに生きていけるはずです。それぐらい大事な言葉ですが、意外と「普段、あまり使わない」という人も多くいます。それはとてももったいないことです。積極的に使い、あなたの周りの空気をプラスのエネルギーで満たしましょう。

27

人は照らし照らされ生きている

「ゆきさんはいつもイキイキしていますね」「輝いていますね」

こう言っていただくことがあります。若い頃は、「そんなことないですよ」と謙遜していました。最近は違います。「あなたがキラキラした瞳で私を照らしてくれるからですよ」と答えています。照らしてくれる人が10人いれば、その人は10倍輝けるのです。

２０２３年8月に、私が会長を務める一般社団法人全国家事代行サービス協会は、創立10周年を記念し、「全国家事代行サービスアワード　２０２３」を開催しました。全国から22社のトップスタッフが一堂に会し、サービスの現場で生まれた感動のストーリーを披露しました。このアワードを実施することは私の長年の夢でした。イベント前には、来る日も来る日もその成功を祈り、準備に明け暮れていました。

思えば、私がイベントの成功を願い、準備を進められたのは、その日に向けて、〝協働〟してくれる仲間たちがいたからです。私が夢を叶《かな》えることができたのは、私を照らしてくれた多くの仲間たちのおかげです。

誰も、一人で輝ける人はいません。看護師が細やかなケアができるのは、一緒に働く医師や同僚、患者がいるからです。俳優が見事な演技を披露できるのは、監督や役者仲間、観客の存在があるからです。照らしてくれる人のおかげで自分が輝ける。そういう謙虚さを持つことが大切です。

同時に、自分も誰かを照らす意識を持つことが必要です。「今日も明日も、私の大切な人たちが、かけがえのない一日を幸せな気持ちに包まれて過ごせますように」。私はいつもこう祈っています。大きな器で、本物の優しさで、大切な人を輝かせられる人間になりたいと思います。誰もが、照らし照らされ生きています。すべてのご縁に、心から愛と感謝を感じながら、一度きりの人生を丁寧に紡いでいきたいものです。

第 5 章

Life is Beautiful
～人生は美しい～

28

想い出はいつも愛の中に在る

「Life is Love.」——。私はこの言葉が大好きです。愛用している時計の文字盤の裏やAirPodsに、この言葉を彫っているぐらいです。

月見草を見ると、私はいつも父のことを想い出します。幼い頃、父と手をつないで一緒に川べりを散歩していた時、道ばたに咲く月見草を見つけて「きれいだね」と話していた光景がよみがえるのです。愛の中にある想い出に触れることで、今、再び愛に包まれます。

私が26歳の時、母が経営していた出版社が倒産しました。両親は自己破産し、一家は一文無しになりました。倒産の後始末をすべて私がやったので、とても苦労しました。けれど、それはお金では買えない貴重な経験でもありました。弁護士さんや近所の鮮魚店、精肉店、多くの人たちの優しさに触れ、支えられました。そこには、やはり愛がありました。

私の記憶の中にある想い出はすべて、今想い返すと、すべて愛と共に存在しています。

人生には困難なときや苦しいとき、辛いときがあります。そんなときでも「これからどんなことが起きるのだろう」と不安に想ったり、「私たちはどうなってしまうのだろう」と恐れたりしなくていいのです。

ヒヤヒヤ、ハラハラしたことも、悲しくて泣きながら友達と何時間も話したことも、後から振り返ったときには、温かく、いとおしく感じるはずです。それはいずれ愛の中に生きた想い出になっていきます。

愛を軸に持ち、愛を集め、愛をつなぎ、愛で臨めば、想い出はすべて愛に包まれます。今という時間を、愛を持って、精一杯生きることが大切なのです。

29

誰もが誰かの愛の源

私たちは誰もが愛から生まれてきました。お父さんとお母さんがいるから生まれ、大切にお世話し育ててくれた人がいるから今があります。誰も一人で生まれ育ってきた人はいません。

ご両親、育ててくれた人たちにとって、あなたはそのままで、愛の源泉であり、生きる原動力です。「いい成績をとらなくてはいけない」「立派に生きなくてはいけない」などと思う必要はありません。笑顔でいてくれたらそれでいい。何者かにならなくてもいいのです。

あなたの笑顔は、誰かの笑顔。あなたの涙は、誰かの涙。

あなたの愛は、誰かの愛。

自分が誰かの愛の源泉で、生きる原動力なのだと知れば、誰しも自分を粗末にしないはずです。だってあなたは生きているだけで、価値があるんだから。自分をさげすんだり、あきらめたりすることなく、〝今という命〟を大切に、一所懸命に生きればいいんです。

そして、もちろんあなた自身も、誰かの愛の源になることを忘れないでください。

縁あって、この世で一緒に時を刻む人に「いつもありがとう」「これからも頑張って」と声をかけたら、その人には温かい気持ちが芽生え、生きる活力が生まれるはずです。

私は子どもたちにいつも「あなたはママの愛の源よ」と伝えます。その一言で、息子も娘も「健康でいないとママが悲しむからお野菜を食べよう」「失敗したって大丈夫。笑顔で前向きでいよう」と思ってくれているはずです。この愛のつながりがあるから、私たちは強くなれるのです。

私はあなた。あなたは私。私たちはこの宇宙《そら》で間違いなくつながっています。そのつながりを意識しながら、優しい気持ちで精一杯生きていきましょう。

30

愛される喜びよりも、愛する喜びよりも、愛し合う喜び！

「もっと愛されたい」――。あなたはそう思うことはありませんか？

「どうして私のことを愛してくれないの？」

こういうセリフは、日本でも外国でも映画やドラマに頻繁に出てきます。でも、ちょっと立ち止まって考えてください。あなたは、相手のことをどれだけ愛しているでしょうか。

「愛されたい」「愛してほしい」と求めるばかりでは幸せにはなれません。自分から相手を深く愛し、相手からも深く愛される。愛し合い、両想いになってこそ、本当の安心や安らぎが得られるのではないでしょうか。

愛情ホルモンとして知られる「オキシトシン」は愛し合っているときに放出されます。

「あなたが私のことを好きと想うよりも、私の方があなたのことを好き」「いやいや、僕の方が君のことを愛しているよ」。これが「愛し合っている」状態です。人生において、愛し合う喜びを得られる人を見いだし、パートナーになり、共に生きていくこと以上に大切なことはありません。

これは恋愛に限りません。プロジェクトを成功させようという想い、サービスをより良くしようとする意思、会社を発展させたいという意欲……。関わる人たちが、「私が一番強く想っているよ」「私の方が上よ」と競い合うぐらいになれば、強い信頼関係で結ばれたチームとなり、素晴らしい成果を出せるはずです。

両想いで互いに通じ合うことは、人生を豊かにします。その喜びを、恋愛でも仕事でも家庭でも、ぜひ味わってください。

31

愛は枯渇しない！　常に循環せよ！

「ゆきさんはみんなに愛を与えてばかりだけど、どこで補充しているの？」
以前、ある人からそう言われたことがあります。

お会いした方はご存じかもしれませんが、私はいつも愛モリモリ。「愛と感謝は態度と行動で示そう」と心に決め、出逢えた愛すべき人たちに「愛しています」と伝え、ハグや握手をしてまわります。

その姿を見ていて、不思議に思ったのでしょう。「ゆきさんの愛は枯渇しないの？」と聞かれたのです。

「はて、私の愛はどこから来ているのだ」と想い巡らせ、その時、気づきました。

愛は与えるものでも与えてもらうものでもない。愛は〝巡らせるもの〟、ということに。愛は送り出した分だけ戻ってきます。その循環でできています。

誰かにお茶を注ぐとき、声をかけるとき、想いをささやくとき、苦渋の選択をするとき、私は「そこに愛はあるのか？」と常に自問自答しています。そして、どんなに忙しくても、優しい気持ち、健やかな心で愛を送り出しています。

そして愛のアンテナをピンッと立て、愛する人たちの優しさやぬくもりを感じ取れるよう、愛する人たちを抱きしめられる自分でいられるよう、心を配っています。

「愛を送り出す」ことが難しい人は、まず「愛を受け取る」ところからはじめてみましょう。世の中、本当は愛を受け取っているんだけれど、それに気づけていない人がたくさんいます。愛を送り出されたのに、受け取ることもせず、「愛がない」と自分の身を嘆くのはとてももったいないことです。愛の受信フラグをしっかりと立ててください。

すべてを愛で解釈し、愛を巡らせることを意識し、送り出された愛をきちんと受け取ることができれば、愛で満ちた自分から、また愛を送り出すことができます。それこそが、幸せの循環、〝幸循環〟を呼ぶのです。

愛は愛で、幸せは幸せで、常に循環していきましょう。

馬は人の感情に敏感。愛には愛で応えてくれる。
健やかな気持ちで愛燦燦《さんさん》と生きる

32

人生のアーカイブに何を残したいか？

アーカイブとは、情報やデータを整理し、記録する場所。メールボックスのアーカイブは、残しておきたいメールを保存するために使います。私は、人生にもアーカイブがあると考えています。そこに残したいのは、記録ではなく〝記憶〟です。

子どもの頃から、「ナイアガラの滝に行ってみたい」と夢見ていた人が、大人になり、旅行に行くチャンスをつかみ、実際にナイアガラの滝を目にしたら、心から感動して「一生忘れたくない」と思うことでしょう。その時、目にした景色、滝の音、肌に吹く風など、すべてを特別な記憶として人生のアーカイブに刻み込むはずです。

私は、そういう楽しく幸せな記憶を一つでも多くつくることを意識しながら毎日を過ごしています。

半年ほど前、私はいつも私のことをサポートしてくれる秘書や広報スタッフたちとチームで、沖縄に行く機会がありました。みんなで浜辺で寄り添い、風に吹かれ、笑い合いながら海を眺めたとき、「信頼するチームで一緒に過ごせて、なんて幸せなのだろう！」と心から感じました。こういう時間、光景、空気を私は人生のアーカイブに残したいのです。

人によって、残したい記憶はいろいろあるでしょう。子どもが初めて立ち上がったとき。孫をこの手に抱っこしたとき。仕事で素晴らしい成果を出したとき――。

「今日は、人生のアーカイブに何を保存しようか」。そう意識するだけで、一日一日がいとおしく感じられ、大切に生きることができるような気がします。

人はこの世を去るとき、これまでの人生が走馬灯のように脳裏を駆け巡るといいます。私はその時、人生のアーカイブに残した記憶をすべて見返したい。そのために、心が動くメモリアルな出来事を、一つひとつ、丁寧にアーカイブに刻もうとしているのです。

33

機が熟すとき、愛整う旬なとき

「この世で一番かんじんなのはステキなタイミング」――。

昔、坂本九さんの歌にこんな歌詞がありました。私は、このメッセージに心から共感します。人生において、タイミングというのは本当に大事です。

行く予定ではなかった飲み会に誘われて行ってみたら、そこで運命的な出逢いがあって後に結婚した。思いがけずケガをしてしまったけれど、その時に人の情けに触れて深い学びや気づきを得ることができた。このように、良いことも悪いことも、それがあなたにとってのタイミングです。

私は、出逢う人も起きる事象も、自分以外のものはすべてが〝師〟だと思っています。その〝師〟を生むのがタイミングです。そして、人生はすべてベストタイミングで成り立っていると考えています。

私は今、一般社団法人東京ニュービジネス協議会の副会長を務めています。多くの先輩経営者がいらっしゃる中で副会長就任を要請された時は驚きました。その時、尊敬する女性経営者から言われたのが、「あなたを抜てきしたわけではなく、機が熟したのよ」という言葉でした。

私が副会長というポジションに就くことを周りの人が受け入れてくれる。それが周りの人にとっても、幸せだったり心を強く持てることだったりする。それこそが「機が熟す」ということです。同時に周囲の愛が整う旬なときであり、恐れたり臆したりせず、そのタイミングに乗ればいいと教えられ、とても納得しました。

出逢う人、起きる出来事、すべてがあなたにとってのベストタイミングです。恐れることはありません。愛と感謝を持って精一杯向き合いましょう。

34

加齢は悪いことじゃない

私が22歳ぐらいの頃だったでしょうか。父が視力を気にしはじめました。老眼がはじまったのです。やがて、父はどこに行くにも何をするにも老眼鏡が欠かせなくなりました。50歳を過ぎた今、私もあの頃の父と全く同じです。いつも眼鏡を手放せません。

少し前、娘に「ママ、眉毛の描き方が変だよ」と言われました。お化粧する時、鏡に映る自分の顔がよく見えていなかったのです。老眼鏡をかけたら、上手に描けるようになりました。

鏡に映った眼鏡の自分と目が合い、気がつきました。「人生、まだまだはじまったばかりのつもりだったけど、思えば、ずいぶん遠くまで来たんだなあ」と。

私が歩んできた道は、凸凹道もあれば、いばらの道もありました。回り道もたくさんしてきました。挫折、葛藤、言葉にならない悲しみ、衝撃……。いろいろあったけれど、今、振り返ると、どんな瞬間もいとおしく思えて、すべてに感謝しかありません。

この年齢になって思うのは、「歳を取るのも悪くない」ということです。動作が遅くなったり、覚えていたはずのことを思い出せなくなったり、歳を重ねると、今までの自分とは違う自分に遭遇します。でも、そういう状態になって初めて人の痛みや辛さを感じられるようになったり、人の優しさや情けに気づけたりします。加齢と共に、人生で見える景色が変わってくるのです。

世の中は、「アンチエイジング」ばやりです。加齢を嫌い、そこからくる衰えにあらがおうとする傾向は強まるばかりです。でも、加齢は決して悪いことではありません。その域に到達して初めて分かることがたくさんあるからです。

人生は、実際に歩いてみて初めて出逢うことばかりです。〝今ここ〟をまるごと愛し、加齢による人生のグラデーションをも、楽しめる心を持ちたいものです。

第 6 章

苦しい自分を勇氣づける

35

苦労がない人はいない。誰もが苦労を乗り越えてきた実績の持ち主である

人生は、何が起きるか分からない旅路です。旅の途中では、苦しい思いをする場面にも、きっと数多く遭遇するはずです。見えない未来に向かい、うまくいく保証などない中で努力をしているのですから、一人ひとりに様々な困難や苦労が降りかかります。

「私が味わっているこの苦労は、誰にも分かってもらえない」

そう嘆きたくなることもあるかもしれません。でも、そんな感情すら、誰もが平等に抱くものです。

苦労に直面している渦中は、本当に大変です。心を痛め、落ち込み、感情の折り合いをつけられず、体が思うように動かない……。そんな状態に陥ります。でも、実はそういうときこそ、自分ととことん向き合い、器を広げ、成長するチャンスでもあります。そういう困難や苦労を乗り越えた人は、優しく、他の人の心に寄り添うことができます。

苦労がない人はいません。そして誰もが、苦労を乗り越えた実績の持ち主です。苦労を乗り越えることができたから、今の優しいあなたがいます。ハプニング、プロブレム、アクシデントは、必ずあなたの〝血〟となり〝肉〟となります。どんなに高いブランドものの美容液でもかなわないぐらい、あなたを美しく輝かせてくれます。

それを知っているから、私は新たな苦労が降ってきたとき、心が静かに燃え立ちます。「大変だ」と思うばかりではもったいない！「この苦労を乗り越えれば、また魂レベルが上がる！」と考えるようにしています。

振り返れば、乗り越えられない苦労はなかったはずです。その苦労があったおかげで今の輝くあなたがいます。恐れず、ひるまず、苦労や困難に全力で立ち向かいましょう。

36

あきらめないで！　動かない山はないよ

「どうせできない」「自分には無理」――。あなたはそう思って夢や想いをあきらめることはありませんか？　それはとてももったいないことです。あきらめず動き続ければ、必ず〝その日〟はやってきます。

「起業家になりたい」と思うなら、ビジネスの勉強をしたり、成功している経営者へ会いに行ったり、考えたビジネスモデルについて壁打ちの相手をしてもらったりと、自分からどんどん行動しましょう。そうすることで、必ず夢は実現に近づきます。

私は「日本に家事代行サービス産業をつくりたい」という想いから、ベアーズを起業しました。ただ、どんなにベアーズが好調な業績を収めたとしても、一社だけでは産業にはなりません。同業の〝同志〟の存在が必要でした。同業他社と関係を築くため、家事代行サービス協会を創立しようと動きました。ところが、当初は「協会をつくって何になるの？」「時間や交通費をかけて集まっても無駄なだけじゃない？」と反対され続けました。

それでも、私はあきらめず、「一緒に日本の暮らし方を変えましょう！」「産業として発展させましょう！」と何年間も一社一社に働きかけ続けました。ついに7社の協力を得て、２０１３年8月に一般社団法人全国家事代行サービス協会を創立することができました。現在、協会には40社近くの企業が加盟しています。23年8月には、2代目の会長として、創立当時から夢に描いていた「10周年記念式典」を自らの手で開くこともできました。

動かない山はありません。といっても山が勝手に動いてくれるわけではありません。あなたが自ら動くこと。くじけず、あきらめず、どんなときも「自分はできる」と信じて行動することです。そうすれば、共感し、協力し、支援してくれる人が現れます。

山は必ず動きます。山を動かすのはあなた自身。そのあなたを動かすのも、あなた自身なのです。

37

筋トレも仕事もきつくなってからが勝負。本当の底力が試される

私は健康と美容のために、毎日筋トレをしています。トレーナーから教わった通り、腹筋は30秒ほどのインターバルを挟みながら、20回を3セットこなしています。かなりきつくて、最後の方は筋肉がプルプルしてきます。

なんとか3セットやりきったら、「やっと終わった」とほっとします。ところが、その時、トレーナーから「はい、じゃあ腹筋プラス10回ね」と言われたらどうでしょう。

「え？　まだやるの？」とイヤになったり、「もう無理」と投げ出したくなったりしませんか。

私はそこからが本当の勝負だと考えます。きつい場面ですが、「よっしゃ、やってやろうじゃ

ないか！」と気持ちを奮い立たせます。

そうやって、きつくてたまらないときに頑張ってトレーニングすれば、付けたい箇所に筋肉が付くことを知っているからです。

きついときこそ、頑張りどき。最も力がつくときです。

これは筋トレだけに当てはまることではありません。仕事も同じです。

仕事をしている中では、思い通りに進まない、一筋縄ではいかないことに直面し、自分には無理だと感じる場面も数多くあるでしょう。それでも、「あなたしかできない」「なんとか対応してほしい」と頼まれることがあるはずです。

そんなときこそ、底力が試されます。きつくなってからが勝負。逃げることなく、投げ出すことなく、「今頑張れば、本当の力がつく。やってやろうじゃないか！」と考えましょう。そう思えば、きっと苦しい場面でも、立ち向かうやる氣や勇氣が湧いてくるはずです。

38

心の根っこが大事

私が好きでよく使う言葉に〝幸循環〟があります。

相手の幸せを心から願う思考や行動によって、その人は幸せと愛で満たされる。その人に染み入った幸せと愛から生まれた思考や行動が、また他の人の幸せと愛につながる。こうした好循環を〝幸循環〟と名付けました。

私は日本に、世界に〝幸循環〟を生み出したいと考えています。

〝幸循環〟を生み出すときに大事なのが心の根っこです。心の根っことは、意思、価値観など、自分の中にしっかりと根づいて、自分とつながっているものを指します。

心の根っこが腐っていたり、醜くゆがんでいたりすれば、思考や行動も醜いものになってしまいます。心の根っこが美しく、優しいものであれば、まさに〝幸循環〟を呼ぶような思考や行動が生まれてくるのです。

心の根っこがあり、覚悟を決め、勇氣を持って、考え、行動する人の前には、共感する人、応援する人、支援する人が現れます。そして信頼され、結果もついてきます。

私の夫、ベアーズ社長の髙橋健志は「善因善果・悪因悪果」を座右の銘にしています。良い心がけではじめた行いは、遠回りしたり、いろいろなアクシデントが起きたりしても、結局は良い結果に結びつきますが、悪い心からはじめた行いには、必ず悪い結果や報いがあるという意味です。

心の根っこは、この善因善果・悪因悪果という言葉に通じます。知らず知らずのうちに、あなたの心の根っこが、思考や行動のすべてを選択しています。そういう選択の連続が今の現実です。今をつくるのは、あなた自身の心の根っこ。健やかで美しい心の根っこが、あなたの命を輝かせるのです。

39

10年続けるとなんでも輝いてくる

「10年一区切り」という言葉があります。何事も10年続けると、深みやツヤが出て、自然に輝いてきます。見える世界が変わってきます。

これまで、私は初めてのことに取り組む機会が数多くありました。そういうとき、最初の年はビギナーズラックでだいたいうまくいきます。2年目もまずまず順調に進み、3年目には完全に出来上がったように感じます。ところが4年目になると、それが勘違いだったと思うぐらい、うまくいかなくなります。5年目、6年目と苦労をして一つの形に仕上げ、7〜9年目にも努力を重ね、10年たつとようやく成熟させることができます。

ベアーズの実業団チアダンスチーム「Ｂｅａｒｓ Ｒａｙ」は２０１７年4月の創部から7年目に入り、今が正念場です。努力を重ねてこの難しい時期を乗り越え、10周年を祝いたいと考えています。私が創立を働きかけた一般社団法人全国家事代行サービス協会は、23年8月に10周年を迎えることができました。歴史を刻んだ協会は、その存在自体が輝きを帯びるようになったと思います。協会の会長として、私は創立10周年記念式典という歴史に残るイベントを仲間と共につくり上げることができ、感無量でした。

人間関係も、10年続けば輝いてきます。知り合った時、テレビ局でアシスタントディレクターだった人が、10年後に人気番組のチーフプロデューサーとなって、私をスタジオ出演させてくれたことがありました。新聞の取材で出逢った女性記者が、10年後に編集権限を持つデスクになり、私を取り上げてくれたこともあります。知り合ってから10年を経て、人から「ステキな関係ですね」と言っていただくような輝く人間関係を育てることができたのです。

何事も10年続ければ、礎を築けます。若い人からすると、10年というのは、気が遠くなるくらい長い時間かもしれません。でも、続けてきた人にしか見えない景色は確かにあります。それを知り、楽しむ気持ちを持ってほしいと思います。

40

お月さまを見て、歩幅は大きく、少しだけ大きな声を出してみて。元氣が出てくるよ

疲れたとき、落ち込んでいるとき、苦しい思いをしているとき……。私が編み出した、元氣を出すためのとっておきの方法があります。

まず、夜空を見上げ、お月さまを探してみましょう。

疲れたり、落ち込んだりしたときというのは、どうしても目線が下がりがちです。そのままでは、気持ちも下がったままになってしまいます。目線を上に上げるため、夜空の月を探し、見上げるのです。月は決して自分の目線の下にはきません。遠くの山の上やビルの谷間にあるはずです。自分より上の位置にある月を見て、心持ちを少し上向かせます。

次に、歩幅を大きく広げて歩きます。それから、少しだけ大きな声を出します。

大きな声を出すために、私がよくやるのは、歩きながら誰かに電話をかけることです。心の中にたまったものを、声と一緒に外に吐き出すことで、一気に元氣が湧いてきます。

声を出すには、カラオケやスポーツ観戦もいいかもしれません。特にスポーツ観戦の場合、一緒に一つのものを見て、周りの人と共感し合い、〝推し〟の選手やチームを応援する。応援する選手やチームが勝ち、周りの人と喜びを分かち合えれば最高ですが、そうでなくても、心を一つにして大きな声を出すだけで、元氣パワーが湧き上がってくるはずです。

お月さまを見て、歩幅は大きく、少しだけ大きな声を出す……。あなたも苦しいときにはぜひ試してみてください。

第 7 章

迷うことも人生

41

心配で仕方ないのは、自分の軸がぶれているから

あなたは「軸」を持っていますか?

ここでいう軸は、志とほとんど同義です。人が覚悟を持って志を立てると、それが軸となります。軸が決まれば、その先の道は自然にひらかれます。

軸がない人は、迷ったり、悩んだりして、不安ばかりが募りがちです。心にネガティブなエネルギーが満ちているのです。軸がある人は、周りの人から共感され、支援されるようになり、実行力が増します。

私の秘書を務めている鬼原美優は、２０２３年にベアーズの実業団チアダンスチーム「Ｂｅａｒｓ Ｒａｙ」のキャプテンに就任しました。

Ｂｅａｒｓ Ｒａｙの部員たちは、人生を懸けてチアに取り組んでいます。そのチームのキャプテンは、彼女たちの残りの人生をも背負っているのです。

「キャプテンになる」と決めた時、鬼原は大変な覚悟を持ったはずです。その覚悟や責任感が、鬼原の軸になったことでしょう。軸を持ったことで、「どうしよう、どうしよう」という迷いがなくなり、「こうありたい」「こうしたい」という理想の姿を真っすぐに追求できたのだと思います。

チーム内には様々なメンバーがいます。一つのことを決めて実行するにも、他のメンバーからは多様な意見が出ます。上に立つ者として、時には、批判されることがあるかもしれません。何があっても、キャプテンとしてぶれず、不安にならずに意思を貫けるのは、鬼原に軸があるからです。

あなたの軸はなんですか？　その軸を頼りに、自信を持ってあなたの決めた道を歩み進んでください。

42

自分の心の軸に触れてみよう

湯のみに注がれたお茶に、茶柱が立つことがあります。「縁起が良い」とされる光景ですが、私はすくっと浮かぶ茶柱を見るたびに、「心の軸」について想いを巡らします。心の軸とは、あなたの真髄です。心の軸を持つことで、価値観、原則、考え方の源が明確になります。人生の中心に置きたいものとも言い換えられます。折に触れ、あなた自身の心の軸を見つめ、大切にしたいもの、プライオリティの高いものをはっきりさせ、〝今〟を生きることが大切です。

かつて、ベアーズにＯさんという社員がいました。実業団チアダンスチーム「Ｂｅａｒｓ Ｒａｙ」に所属しながら働き、充実した毎日を送っていたＯさんですが、心の中には１つの夢がありました。その夢とは、「ディズニーランドのダンサーになること」。ダンサー試験には、年齢制限があります。「タイムリミットが近い」と考えたOさんは、改めて自分自身を見つめ直し、ベアーズを退職し、ダンサーに挑戦する道を選びました。

「ディズニーランドのダンサーになる」という夢は、Oさんの心の軸です。自分を見失わず今を懸命に生き、自分の心の軸に触れ、生き方を選ぶのは、とても大事なことです。私は全面的にその挑戦を応援し、快くOさんを送り出しました。Oさんは挑戦の真っただ中です。

人によって、心の軸は様々でしょう。実の母親と生き別れ、離れて暮らしていた人にとっては、「お母さんに会いたい」という想いが心の軸になっているかもしれません。仕事が心の軸という人も、友人の存在が心の軸という人もいることでしょう。

私の心の軸はなんでしょうか。ベアーズの副社長で家事大学学長、家事研究家、日本の暮らし方研究家、全国家事代行サービス協会会長、東京ニュービジネス協議会副会長、日本ウェルビーイング推進協議会理事……。何役もこなしているので、時々「ゆきさんはいったい何者ですか?」と聞かれることがあります。答えは明確です。私の心の軸は「I'm a mother」。

母であること。一番大切なのは家族です。血縁の家族だけでなく、社員も家族だと思っています。一番優先すべき存在です。

自分の心の軸に触れて毎日を生きると、あなたらしい人生を紡ぐことができます。あなたも、湯のみの中の茶柱を見つめて、心の軸に想いを寄せてみましょう。

娘が初任給でプレゼントしてくれたアンティークの花瓶。
眺めるたび幸せを感じる

43

人間は緊張とリラックスの〝はざま〟で自分のニュートラルポジションが判る

３００人が集まる重要なイベントを取り仕切らなければならない――。こんな大役を任されたら、誰でも10日ぐらい前から、緊張で眠れない日々を送ることでしょう。当日は緊張感もＭＡＸ。心臓がドキドキして、酸素と血液が体中を巡ることを実感するかもしれません。

そんなイベントも、順調に進行し、閉会まで無事にたどり着いたら、ほっと一安心です。心臓のドキドキも止まり、いつもの自分に戻ります。家に帰ってお酒を飲んだり、甘いものを食べたりすれば、毎日続いていた緊張から解き放たれ、とてもリラックスできます。満足感、達成感、安堵感に包まれた至福の時間を過ごせるはずです。

人間には、緊張とリラックスの両方が必要です。緊張するのは、いつもの自分とは異なる環境で、なにかの壁を越えようとしているからです。勇氣を持ってトライすれば、ワンランク成長できて、新たな気づきを得られます。仲間と一緒に挑戦するなら、絆や信頼が深まるチャンスになります。ドキドキしながら背伸びしてなにかをやり遂げるのは、人生の醍醐味でもあります。

ただ、緊張が何日も続くと、ある日、糸がプツンと切れてしまいます。人はずっと背伸びし続けることはできません。一息ついて、リラックスした心で、「自分の力を発揮できた」「こういう点が足りなかった」「次はこうしてみよう」と振り返ることが大切です。そうした時間があるからこそ、新たに挑戦する英氣を養えます。

緊張とリラックスを行き来するうちに、〝本当の自分〟というものが少しずつ見えてきます。「自分にとって何が大切なのか」「何を優先すべきなのか」「どう生きていきたいのか」という理想とするありたい状態、言い換えるならば、自分のニュートラルポジションを確認できます。緊張とリラックス、その〝はざま〟で、あるがままの自分を見つめ、自分らしい時間を重ねていきましょう。

44

比べない

「あの人は恵まれた環境にいて羨ましい」「あの人にできることが私にはできなくて悔しい」——。そんなふうに、他の誰かと自分を比べることはありませんか？　誰かと比べて、自分をさげすんだり、卑下したり、残念に思ったりするのはとても苦しいことです。それが妬みややっかみに変わると、とても醜い人間になってしまいます。

人と比べることをやめれば、人生の多くの苦しみから解き放たれるはずです。サボっていることも、一所懸命やっていることも、真面目に考えていることも、怠けていることも、自分のことは自分が一番よく分かっています。誰かと比べる必要はありません。比べるから自分を見失います。自分に言い訳をしてしまいます。自分を小さく感じ、焦りはじめます。

比べるのなら、過去の自分と比べましょう。時に苦しいことにも直面し、数多くの努力を重ね、様々な経験を積んだあなたは、以前に比べて、人間としての深みや輝きがぐんと増しているはずです。これまでの成長の軌跡をたどり、そういう自分自身を認め、いとおしみましょう。

あなたはあなた。この世にたった一人しかいない、かけがえのない存在です。上手に話すことができなくても、高価なブランド品を持っていなくても、優秀な成績を修められなくてもいいのです。会いたい人に会い、行きたい場所に行き、食べたいものを食べる。自分のことを大切に、丁寧に扱いながら、あなた自身が心地良く満足できるように行動することが大切です。

「私は頑張っている」「自分なりに毎日楽しく生きている」。ありのままのあなたを肯定してあげることで、健全な自信が生まれ、イキイキと過ごすことができます。人と比べることから卒業できたら、あとは自由にシンプルに突き進むだけです。二度と訪れない〝今〟にフォーカスを当て、一所懸命に生きていきましょう。

45

道が分からなくなったら、本気で叱ってくれる人に会いに行こう

私は新卒でベアーズに入社してきた社員たちに、この言葉を贈っています。

「怒る」と「叱る」とは違います。感情的に自分のイライラをぶつけるのが「怒る」。相手のためを想い、心から忠告したり注意をしたりするのが「叱る」です。

人を叱るには、エネルギーが必要です。耳に心地良い優しい言葉をかけることは簡単です。相手にいい顔をしておけば、恨まれたり憎まれたりすることはありません。その方がずっと楽なはずです。

エネルギーを費やしてでも本氣で向き合い、厳しい言葉をかけてくれる人は、あなたに深い愛情と情熱を注ごうとしているのです。親、教師、上司、友人……。誰であっても、あなたを真剣に叱ってくれる人は、人生の宝になります。

「自分はどうするべきだろう」「どういう選択が正しいのだろう」と道に迷うことがあったら、「この人は自分を本氣で叱ってくれる」と想える人に会いに行きましょう。そういう人は、あなたのことを考えて、言いにくいことでも本当のことを指摘して、本質的なアドバイスをくれるはずです。

〝パワハラ〟という言葉が使われるようになってから、事なかれ主義がまん延し、相手を心から想った上で真剣に叱れる人が減りました。叱ってくれる人がいる人生は幸せです。愛に満ちています。心から感謝し、その存在を大切にしましょう。

第 8 章

勇氣をもって、動く

46

あなたの人生のオーナーはあなたです

「You are the owner of your life！（あなたの人生のオーナーはあなたです）」

これは、大学や高校の起業家プログラムの講演などに招かれた際、これから人生の大海原にこぎ出す若者たちに向けて、私が必ず語りかける一言です。

あなたの人生は誰に決められるものでも、誰に与えられるものでもありません。どこに住んでもいい。誰と結婚してもいい。どんな仕事をしても構いません。真っ白いキャンバスを、自由に、大胆に、あなたが想う通りの絵で埋めていっていいのです。何色で彩るか、どの絵筆を使うか、どんな構成にするのか、すべてあなた自身が決められます。

中には、自分が自分の人生のオーナーであるということに気づいていない人もいます。自由にビジョンを立てていいと気づいた瞬間、「やりたい仕事」や「達成したい目標」「追いかけたい夢」が出てきて、人生が彩り豊かなものとなることもあります。

私のツインソウルとでもいうべき、親友の島田由香と矢澤祐史は、常に自分の人生にオーナーシップを持ち、〝今ここ〟を生きています。自分のことをよく理解し〝我がまま〟でありながら、丁寧に生き、周囲への愛を行動と態度で表し、自らの魂が喜ぶよう心がけています。その姿は魅力的で尊敬でき、昨日より今日、今日より明日の自身の幸福度ベストを毎日更新する2人から、私はいつも生きる力と大きな愛を感じています。

そして２０２２年、私たち3人は、日本をもっとウェルビーイングな国にしたいという壮大な想いから同志を集めPromotion Council for Well-being in Japan.（ＰＣＷＪａｐａｎ．）という一般社団法人日本ウェルビーイング推進協議会を発足させました。

あなたの人生はあなたのもの。自由に、想うまま、未来を、命を紡いでいってください。

47

人生、日々の歩き方にＧｏｏｇｌｅマップはない

行きたい場所に向かうとき、今では多くの人がＧｏｏｇｌｅマップのナビゲーション機能を使います。どの交通手段で行くと、目的地までどれぐらい時間がかかるのか、どういうルートを選べば、一番早く目的地に着けるのかを正確に教えてくれるので、とても便利なツールです。

そう、Ｇｏｏｇｌｅマップを使うと、「正解」が分かるのです。

でも、人生にはＧｏｏｇｌｅマップはありません。人生に「正解」もありません。どんな道を歩むのも、どんな手段を使うのも、あなた次第です。生き方を、歩み方を、教えてくれる

存在はいないのです。

中には、漫然と、流されるままに生きている人がいるかもしれません。それは本当にもったいないことです。誰かが指示した通りに進んでいる人もいるかもしれません。それでは、指示する人がいなくなった途端、道に迷ってしまいます。能動的に、自分の意思で、自分の意識で、やりたいように、好きなように、選択をして生きていくことが大切です。

貴重な休日を、あなたはどのように過ごしたいですか？「朝寝坊して、スマートフォンを見ながらそのままダラダラ過ごし、ふと気づいたら夕方近くになっていた」というのも、「朝一番で家をきれいに掃除した後、美容院に行って髪の毛を整え、約束していたお友達と一緒にランチを食べて、帰りに図書館に寄って気に入った本を見つけて借りて帰って家で読んだ」というのも、あなたの意思であり選択です。

なんとなく過ごす一日になるか、充実した一日になるか、すべてはあなた次第。あなたの人生もあなた次第です。

あなたは、あなたの人生をどのように歩んでいきますか？

48

あなたの勇氣ある一歩は必ず誰かを愛で包む

私は長年、東京商工会議所の「勇気ある経営大賞」や社会起業大学の「ソーシャルビジネスグランプリ」、日本政策金融公庫の「高校生ビジネスプラン・グランプリ」の審査員を務めています。

毎回、応募者の方たちは、様々なビジネスモデルを披露します。どれも、優しさ、誠実さにあふれていて、「この方たちの勇氣ある一歩は世界の誰かを愛で包み、健康に、便利に、楽しくイキイキと生きることに貢献するのだろう」という期待が持てます。彼らの愛によって、世界はより良い方向に変化すると希望が膨らみます。

これは私の話ですが、以前、長男の受験日に付き添い、一緒に受験校に向かっている時に、目の前を歩いていたおじいさんが突然倒れてしまったことがありました。慌てて救急車を呼び、到着を待ちました。受験の時間は刻々と迫ってきますが、その場を離れるわけにはいきません。おじいさんを救急隊に引き渡してから、急いで受験校に向かいました。

遅刻せずに済んだものの、予想外のハプニングで長男も動揺したのか、残念ながらその日は不合格になってしまいました。それでもあきらめず、彼は同じ学校の2回目の受験に挑戦し、見事合格を勝ち取り、その学校に入学しました。もし同じことが起こったとしても、彼はきっと人を助けることを選ぶでしょう。彼にとっても、勇氣ある行動が愛を生み出すことを実感する機会になったはずです。

私は勇氣を持ってベアーズを創業しました。家庭のお茶の間に幸せを運び、そこに暮らす家族を愛で包むことができたなら、本当にうれしいことです。あなたも勇氣を出し、思い切って一歩を踏み出してみましょう。勇氣を出すといっても、大それたことでなくて構いません。困っている人がいたら話しかけてみる。不安そうな人がいたら励ましてあげる。そんなささやかなことも、十分に勇氣ある一歩になります。

あなたの勇氣は世界の誰かを愛で包むのです。ささやかな行動の積み重ねが、愛にあふれた社会を、世界をつくることにつながるのです。

49

桃太郎になろう！

犬、猿、キジは仲が悪いのに桃太郎を担ぐ

私は昔話の「桃太郎」が大好きです。日本で一番有名なこの昔話から、多くのことを学んでいます。

桃から生まれ、おじいさん、おばあさんに育てられた桃太郎は、人々を苦しめる鬼を退治しようと鬼ヶ島に向かいます。旅の道中、犬、猿、キジに出逢うと、きびだんごを与えて家来とします。

犬と猿は「犬猿の仲」と言われるぐらい、相性の悪い関係ですが、共に家来になることを選びます。きっと、犬、猿、キジは、桃太郎の「人々を苦しみから解放したい」という大義に共

感し、命を懸けた本氣の覚悟に突き動かされたのでしょう。「自分がやるしかない」と立ち上がった桃太郎の行動力や腹のくくり方、潔さにひかれたのかもしれません。「自分も少しでもお役に立ちたい」という精神で、桃太郎について行くことを決意し、仲の良くないメンバーともチームを組むことを決断したのだと思います。

こうして、自分の大義に共感してついて来てくれたメンバーでチームをつくった後、桃太郎は見事なリーダーシップを発揮します。

鬼ヶ島に向かうとき、犬には船をこぐ役割を、猿はかじをとる役割を、キジには船の舳先《へさき》で物見をする役割を与えます。鬼ヶ島に到着し、鬼と闘うときにも、それぞれに合った強みを発揮させました。キジは空から鬼の目を突く。犬は鬼の向こうずねにかみつく。猿は鬼の体に飛び乗り、顔をひっかいたのです。

桃太郎は多様なメンバーを取りまとめ、心を一つにさせる天才です。きっと、仲間になった犬、猿、キジを信じるパワーにあふれていたのでしょう。桃太郎のその想いは犬、猿、キジにも伝わり、互いに信じ合うことができたから、全員が持てる力を発揮し、役割を分担しながら、鬼退治という大きな目的を達成できたのだと思います。

多様なメンバーの心を一つに合わせ、健全なエネルギーを目的に集中させることができれば、大きなことを成し遂げられるということを、私は桃太郎から学び取りました。

実社会において、中には「あの人は浮いている」「あの人と付き合うのは難しい」と言われるような人もいます。そういう人たちも、個人個人では、実はとても強いエネルギーを持っています。ミッションを掲げ、共感を集め、一人ひとりに役割を与え、仲間を信頼する。そういうチームに仕立て、力を最大限に結集することはリーダーの責務です。

ベアーズは、創業期に「がんばる女性を応援します」というスローガンで家事代行サービスをはじめました。創業したばかりのベアーズは、夫と私だけの小さい小さい会社でしたが、ありがたいことに、10代～80代までの女性たちが、スローガンに共感し、「この会社で働きたい」と集まってくれました。

お客様もそうです。「いろいろな会社を見たけれど、『がんばる女性を応援します』という想いを発信しているのはあなたのところだけ。だから頼むことにしたわ」とサービスを依頼してくださる方がたくさんいました。

想いに共感し、「夢の片棒を担がせてください」と人が集まってきたチームは何よりも強いのです。昔話の桃太郎は、いつでも、私にそれを教えてくれるのです。

50

風をつくろう、その風に乗ろう

私が大切にしている言葉に、「風」があります。ここでいう風とは、その人の強い想いや行動が醸し出す〝空気〟のことと考えています。

風は、一つの場所にとどまることはありません。他の場所へと流れていきます。優しく吹く風もあれば、周囲を巻き込んでいくような強烈な風もあります。

会社の中で、一人ひとりの想いや行動が集まり、出来上がるのが「社風」です。私はベアーズの社員に、「あなたたち一人ひとりがベアーズの風の一筋一筋。会社はあなたからできているのよ」という話をよくします。「会社がこうだから」と不満に思ったり、物足りなく感じたりするのではなく、自分がありたいように風を吹かせ、自由に社風をつくっていってほしいと思っています。

私は「家事代行サービスを産業にしたい」と考えてベアーズを創業しました。夫と私の2人きりの会社だったので、吹かせることができたのは、そよ風程度でした。それでも、私たちがつくった風を周囲へと吹かせることで、志を同じくする人や会社の共感や信頼を得て、風を合流させ、大きくすることができました。

はじめはそよ風でも、集まれば強風、旋風、疾風となります。社会を変える大きなうねりを生み出すことができます。

自分で風をつくるのではなく、他の人が生み出した風に乗ることもできるでしょう。でも、それでは他人まかせになってしまいます。自分の想いとは違うところに流れ着いてしまうかもしれません。共感する人の風と合流することもできないかもしれません。

自分で主体的に、能動的に風をつくり出しましょう。そのつくった風に乗って、あなたが考える方向に流れていきましょう。好きなところになびいて、会社や社会をより良い方向に変えられたら、とても素敵ではないでしょうか。

51

なんとかしようと思うより、なんとかなると思おう！

「起きることすべては、私にとってのベストタイミング！」

私はいつもこう考えています。

お客様から怒られてしまった——。けれど、その問題を解決し、気づきを得たことで、大きなトラブルを避けられたのかもしれません。転んで骨折してしまった——。でも、そこで旅行の計画を断念し、家にいたから、親の具合が悪いことに気づき、早くに病院に連れていけたということがあるかもしれません。人は、起きたことを「ありがたい」と思うか、「不運だ」と思うかで、幸せにも不幸にもなります。

困難な状況に置かれたり、苦境に立たされたりしたとき、自分の本質やありたい姿を曲げてまでも、「何とかしよう」と取り繕う必要はありません。物事はすべて、ベストなタイミングとベストな状態で用意されるもの。「何とかなる」「なるようになる」と考えましょう。

もちろん、開き直ったり、放り出したりしていいわけではありません。目標を決め、準備をして、想いを込め、精一杯努力する。その結果、起きることは、あなたにとってのベストなタイミングであり、ベストな状態です。「何とかなる」と思っていいのです。

２０２３年8月に、一般社団法人全国家事代行サービス協会の創立10周年記念式典を開く際、会長の私は、イベント会社の手を借りず、自分たちですべてつくり上げました。私は仲間たちに「何を狙いとしているか、どういう式典にしたいのか」と目的や目標を示し、信頼の輪をつくることに努め、「あとはなんとかなる」と考えました。結果的に、同じ夢を持つ仲間が協働し、とても和やかで心温まる素敵なパーティーを開くことができました。

すべては収まるべきところに収まります。「なんとかしよう」と肩肘張らなくても大丈夫。なんとかなるし、なるようになるのです。

第 9 章

尊敬し合える関係を築く

52

一緒に働いている人を尊敬しましょう

上司と部下、企業とお客様など、人と人、組織と組織が関係をつくる上で、一番重要な感情は何だと思いますか？　私は「尊敬」だと考えています。特に、一緒に働いている人に対して、尊敬のまなざしを向けるのは、とても重要なことです。

尊敬は、共感や信頼から生まれるものですが、まずベースにあるべきなのは、相手の存在への感謝です。

相手の存在に感謝するということは、相手の存在を大切にするということ、つまりは相手の命を大切にするということです。それは、自分の命を大切にして初めてできることです。

自分の命を大切にしていると、相手の命についても想いをはせることができるようになります。相手の状態や状況をおもんばかろうとします。適当なことを言ったり、無理なことをやらせたりせず、丁寧に事を運ぼうとします。

こうして、みんなが互いの存在に感謝し合い、命を大切にするようになると、チームは優しく強くなります。個人の力はチームの力に昇華し、個人もチームも輝き出します。

人は調子がいいとき、うまくいっているときには自信満々で傲慢になるものです。感謝することも忘れがちになり、尊敬の念もなくして、相手にも厳しいことを言うばかりになります。これでは、個人もチームも力を発揮することはできません。

一流の経営者や芸術家、アスリートたちが、まず口にするのは、周囲への感謝です。尊敬し合える関係をつくるには、感謝の気持ちを持つよう習慣づけること。毎晩、眠りにつく前に、「今日の一日で感謝すること」を3つ思い出すようにするのが効果的です。できればノートに書き留めておくと素敵な成長記録になります。

常に感謝の心を持ち、一緒に働く人を尊敬しましょう。

53

共感と信頼の向こうに尊敬は生まれる

前に書いたように、私は人間関係をつくる上で、一番強く、重要な感情は「尊敬」だと考えています。年齢も性別も立場も関係なく、尊敬できる相手とは、ステキな出逢いになり、素晴らしい関係をつくれます。

ベアーズは「お客さま感動度１２０％への飽くなき追求」をスローガンに掲げ、サービスを提供しています。「お客様に共感と信頼を抱いていただかなくては、感動は生まれないよ」――。私はいつもお客様担当者にこう話します。尊敬も同じで、共感と信頼が必要です。

相手に対して感動を覚える出来事があり、また尊敬の念が湧き上がると、「一生付き合い続けたい！」と想うようになります。相手と長期にわたってステキな関係を築きたいなら、感動や尊敬を感じてもらえるような人になりましょう。

といっても、共感や信頼は、一朝一夕に育まれるものではありません。コツコツと、種をまく努力が必要です。共感を呼ぶために、私はフェイスブックやインスタグラムなどのＳＮＳを駆使して、自分の考えや世界観を多くの人に向けて発信しています。私の言葉を直接受け止めてもらう機会を増やすため、メッセージアプリもフルに活用しています。

一方、信頼は日々の態度と行動の積み重ねによって得るものです。私は社員から信頼してもらえるよう、約束は必ず守る、社員のために時間をつくり動くなど、日常の小さなことに気を配っています。例えば、ベアーズの人事システムは、私が月次報告を承認しないと社員が自身の評価を入力できない仕組みなので、忙しい社員が入力のための時間を少しでも長く取れるよう、即座に承認しています。そのために、夜の11時過ぎにパソコンを開くこともよくあります。ちょっとランチしている間に未読のＬＩＮＥメッセージが50件もたまってしまうこともありますが、次の場所に移動するまでに必死で全部返します。

共感も信頼も、キャッチボールで出来上がります。飛んできたボールは必ず受け止め、態度と行動で返すこと。こうして共感と信頼を育んだ先に、互いに尊敬が芽生えるのです。

54

尊敬は愛を冷まさない

愛には、時に「更新」が必要です。

私たちは、血縁でつながった家族ではない、夫婦やカップル、上司や部下などの関係を、自分たちの意思によって維持しています。こうした関係を、永く続く強固なものとするには、運転免許証やパスポートのように、定期的な更新が必要です。

なぜ更新が必要かといえば、人は常に変化するからです。時間がたつうちに、2人の置かれた環境が変わったり、興味や関心の対象が変わったり、意識や価値観が変わったりしていきます。変わりゆく2人が関係性を保つには、愛の更新が欠かせないのです。

愛を更新する方法は、いろいろあります。一番大切な要素が尊敬です。尊敬という感情は、愛をも上回ります。

これまで共に歩いてきた道のりを振り返り、改めてお互いの存在に感謝し、リスペクトの気持ちを伝え合いましょう。そして、「この先も、一度きりの人生を共に過ごし、夢を語り合い、様々な感情を共有したいね」と確認し合いましょう。

私は夫と学生時代に知り合いました。今に至るまで、一緒に事業を手掛け、家族として過ごすことができているのは、彼に尊敬できる部分がたくさんあるからです。一番尊敬できる点は、経営者として企業のトップに立ちながら、とても謙虚なところです。自分を戒めながら勉強したり、頭がちぎれそうになるほど考え抜いたり、周囲の意見を聞いたりする姿に、リスペクトの気持ちを抱いています。

尊敬の心を持っていれば、愛が冷めることはありません。

愛の更新には、それぞれに適切なタイミングがあるはずです。そのタイミングを見逃さず、お互いに尊敬の想いを確認しながら、愛を更新していきましょう。

55 褒め合うことも大切だが、夢を語り合える方がもっと信頼も絆も深まる

「あの人との距離感を縮めたい」と思うとき、あなたはどんな会話をしますか？

一番簡単なのは、相手を褒めることでしょう。「そのお洋服、素敵ですね」「新しい髪型、似合っていますね」など、褒め言葉は誰でもすぐに思いつきます。社交辞令と分かっていても、褒めてもらえれば誰でもうれしい気持ちになります。その場が和やかな雰囲気になり、お互いの関係も、少し距離が縮まった気がするかもしれません。でも、こういう表面的な会話では、相手と本当に深い関係をつくることはできません。

信頼や絆を深めたいと思うなら、未来への夢を語り合うことに勝るものはありません。

私は今54歳ですが、半分の年齢の27歳の社員とでも、お互いの夢を語り合うと、共感したり、「実現するためのお手伝いをしたい」と思ったりと、あっという間に距離を縮められます。未来への道のりを共に歩む姿を思い浮かべ、信頼や絆も深まります。

実はこの関係、恋人同士にも当てはまります。「かわいいね」「かっこいいね」とお互いを褒め合うだけでは限界があります。「こんな公園があるから行ってみよう」「次はこれに挑戦したいね」と未来を語り合う方が、ワクワクした気持ちで話せます。相手のこともより理解できるようになり、関係が深まります。

私は夫と大学時代に知り合いました。ビジネス経験のない未熟な2人でしたが、「学生の間に起業する」という夢を抱き、ファミリーレストランで夜遅くまで語り合っていました。その時間が、後に結婚し、家事代行サービス業を生み出すベースになりました。

表面的なことを言い合うだけの関係は、本当につまらないものです。少しもワクワクしないし、愛も感じられません。協働すべき仲間と、そういう会話ばかりしているのなら、そのチームに致命的な欠陥があると思って間違いありません。夢を語り、未来を約束し合うことは、チームづくりにとっても大切なポイントなのです。

56

オタクになれ！

私はオタクを尊敬しています。

オタクという言葉は、『デジタル大辞泉』（小学館）によると「ある事に過度に熱中し、詳しい知識をもっていること。また、そのような人」と定義されています。

アニメ、スポーツ、美容、美食、健康、車……

私の周りには様々な分野のオタクがいます。彼、彼女らに共通して見られるのはこんな傾向です。

・愛するジャンルについて、四六時中考えている
・誰よりもそのジャンルを熟知している
・人と会話していても、なにかを見ても、常にそのジャンルと結びつけて連想する
・そのジャンルについて熱く語り、誰かが興味や関心を示し共感すると、とてもうれしそうにする

などなど……

寝食を忘れるほどそのジャンルに夢中になり、楽しく飽きることなくのめり込み、情熱を持ってパワフルに活動をしている姿は輝いています。

時には「〇〇について人から質問されたときに答えられないと、あまりの悔しさに絶望してしまう」なんていう、愛すべき悩みを垣間見ることもあります。彼、彼女らが、そんなふうに悩むのは、〇〇に対して深い愛を抱き、プライド、使命感、ビジョンを持っているからこそでしょう。

まさに、オタクは楽しく、頼もしく、尊敬すべき人たちです。

かく言う私も、「家事代行サービス」「お茶の間の幸せ」「ウェルビーイング」と聞けば、血や細胞までもが騒ぎ出す立派なオタク。だからこそ、それらはもはや「仕事」を超えた「志事」であり「喜び」なのです。

自分を夢中にさせる〝推し事〟を持ち、オタクになって輝いて仕事ができたら、毎日はもっと楽しくなります。

会社は個人の集合体です。そんなオタクがたくさん集まる会社は、きっと笑顔が絶えず、愛と尊敬で満ちあふれるに違いありません。

あなたの血を騒がせる◯◯はなんですか？

相棒の島田由香と矢澤祐史。
私たち3人は正真正銘の「ウェルビーイングオタク」

57 人格でシゴトをする人は シゴトを超えたご縁を持っている

シゴトという言葉は普通「仕事」と書きます。「仕える事」で仕事です。でも私は、志を実現する「志事」と表現しています。

シゴトをする上で大事なのは人間力です。ありのままの自分をさらけ出し、人格でシゴトをするということです。その人格によって、一緒にシゴトをする相手から共感と信頼を得られます。それが尊敬の域に到達すれば、一層深い関係を築くことができます。

シゴトをする際、本来の自分を隠そうとする人がいます。「ちょっと自分を出してしまいました。シゴト中にごめんなさい。今のは忘れてください」などと言うのですが、私にいわせれば、それはとてももったいない！　シゴトでこそ、その人らしさを出すべきです。人間味を出した方が、本人も楽だし、楽しいはず。その人の魅力も発揮できます。シゴトを超えたご縁も生まれ、相手や周囲との絆も深まります。

今、ダイバーシティー経営が話題ですが、ダイバーシティーとは、外国人や高齢者が同じ会社で働くことではありません。自分らしい個性をさらけ出す人が集まることです。「魔法使い」「オタク」「宇宙人」などと称されるような人が集い、それぞれの個性を輝かせながらシゴトをする組織は理想的です。私はそんな組織を率いるリーダーになりたいと思います。

本来の自分を切り離してシゴトをする人は、その職場を離れるとき、そこで培った人間関係をすべて置いていくことになります。人格でシゴトをして、シゴトを超えたご縁を持つ人は、築いた人脈を失うことはありません。転職を重ねるほど、その人脈は広がり、発揮するパフォーマンスも高くなります。

私は、社外に新たな夢を見つけ、ベアーズを去った元社員たちと、その後も付き合いを続けています。人格でシゴトをしていたからこそ、築けた関係です。そんな関係があることは、私の人生の宝です。あなたも、ありのまま、あなたの人格でシゴトをしましょう。広く、深い人間関係をつくり上げ、人生をより豊かなものにしてください。

58

ダイレクトコミュニケーションで絆が生まれる

先日、長くお付き合いのある関西のお取引先の現場を訪ねる機会がありました。コロナ禍でなかなか直接お目にかかれなかったので、久しぶりにご挨拶に伺ったのです。

仕事に愛と責任を持つお取引先の責任者の方は、わざわざ現場に足を運んだ私に期待をしてくださったのでしょう。現場で働くスタッフに対する率直なご指摘をくださいました。

指摘を大きな気づきと改善のきっかけとしてポジティブに受け止め、私は現場のスタッフに問いました。

「疲れた顔をしているし、髪もボサボサ。あなたどうしたの？　おかしいよ」

「本当は素晴らしいあなたがこんな小さなことを見落として、お叱りをもらうなんてもったいない」「私はこんなことであなたの信頼を失わせるわけにはいかない」

仮に99・9％頑張っていたとしても、0・1％できていないことがあれば相手をがっかりさせてしまいます。そしてたった0・1％のことで相手の期待を損ない、99・9％の頑張りを台無しにしてしまったらそれは本当にもったいないことです。

率直におかしいことはおかしい、違うことは違うと伝えながら、その人の目を見て、その人自身への愛と感謝、そして私たちの仕事の大切さを語りました。

私は、現場に足を運んだことで、お取引先から貴重なご意見をいただき、そして自分が直接スタッフに想いを伝えられ、私らしい大事な〝志事〟ができた、と感じました。チームと私の信頼関係はより一層深まり、最後には「今日は改善の貴重なチャンスをもらって、命拾いしたね！　ここからもっといい仕事ができるね」と笑い合い、記念の写真さえ撮りました。

仕事は、デスクの上やパソコンの中で完結するものではありません。現場に足を運び、そこで働く人たちと直接接してこそ、分かることがたくさんあります。私はあえて積極的にそうした機会をつくっています。大事なのはダイレクトコミュニケーション。そして愛があるからこそ、本当のことを率直に言うことです。直接顔を合わせ、目を見て心のうちを話すことで、お取引先とも、社員とも、愛や絆が生まれるのです。

全社運動会でダイレクトコミュニケーション。「We are BEARS!!」

59

人生は長さじゃない!!
誰と〝幸動〟し、どう感じ生きるかが大事

人には寿命があります。人生に与えられた時間はバラバラで、１００歳まで生きる人もいれば、10歳までしか生きられない人もいます。

「平等でない」と思うかもしれません。でも実際のところ、もっと平等でないのは、長さよりも人生の「質」です。与えられた時間をどう生きるかで、仮に長さは同じだとしても、その彩りは人それぞれ全く違うものになります。

人生において私が一番大切だと思うのは、自分自身が幸せな心を持ち、また人々の幸せも願って動く〝幸動〟です。仕事でも、家事や育児でも、人に「幸せになってほしい」と考えて動

き、実際に幸せを感じてもらえたなら、あなた自身も心から幸福になれます。幸動を積み重ね、多くの幸せを感じられる人生は、質が高まり、光り輝きます。

誰と幸動するかも、大事なポイントです。「こうしたい」「こうありたい」という志に共感し、集まった同志のエネルギーを結集すれば、不可能であったことを可能にしたり、奇跡を生み出したり、世の中を変えたりできます。

私はチーム戦が大好き。チームで一緒になにかをつくり上げたり、目標に向かい登り詰めたりして、達成した喜びを一緒に分かち合うことに一番の幸せを感じます。

億万長者になって、ベイサイドのタワーマンションに住み、夜景を見ながら高級なブランデーを口にするような生活を送っているとしても、仲間も同志もおらず、一人きりで過ごしているのなら、むなしく寂しいだけです。億万長者ではなくても、仲間や同志と、「オレたち、よく頑張ったな！」「私たち、ここまでよく到達したね！」と振り返り、讃え合える毎日なら、幸せと充実感に満ちあふれているはずです。

出逢いに感謝し、「ありがとう」の心で〝幸動〟し、充実した人生を送りたいものです。

第 10 章

疲れているあなたへ

（そんな日があっても大丈夫）

60

眠たいときは寝よう

目の前に、片づけなくてはいけない仕事や家事がたくさん残っている。でも今日はとても疲れていて、もう眠い……。そんなとき、あなたはどうしますか？

眠い目をこすりながら、一生懸命メールに返信したり、お皿洗いをしたりしているなら、その必要はありません。「眠い」というのは、あなたの心と体が出したサインです。そのサインを無視して、無理に頑張ったとしても、良いパフォーマンスは発揮できません。

大事なのは、自分のバイオリズムを理解すること、心と体の声を聞くことです。それに素直に従い行動する方が、楽しめるし、パフォーマンスも良くなります。

私は以前、朝起きて鏡に映った自分の顔を「○△×」の3段階で評価していた時期があります。同じ顔なのに、「今日はイケてる！」という日もあれば、「まあまあ」な日も、「全くダメ！」な日もありました。3段階評価をしばらく続けると、自分のバイオリズムが見えてきます。イケていない日というのは、心と体からエネルギーが出ていないということ。頑張り過ぎないよう気をつけなくてはなりません。

「体調があまりよくなくて……」「夕方になったら疲れてきてしまった」。そういうことは誰にでもあります。疲れを受け止め、不調を認めましょう。もちろん、背伸びして全力を出し切る日も必要ですが、不調な時には力を緩めてもいいのです。バイオリズムに従って、自分を心地良い状態にマネジメントする力を養うことが大切です。

今、眠たいなら、割り切って寝ましょう。やらなければならないことは、明日、朝日が昇ってから手をつければいいのです。疲れたときは休む。食べたいときは食べる。泣きたいときは泣き、笑いたいときは笑う。本能のまま、自然のまま、「今がベストタイミング」と受け止め、心と体が欲求する通りに行動することが、あなたのウェルビーイングの向上につながります。あなたらしく、あなたのペースで、幸せに、健康に、命を輝かせましょう。

61

人生にも〝休憩所〟が必要

私は毎年年末には、その年に使っていたスケジュール帳を見返します。過ごした毎日を振り返り、いつ、何があったか、どこに行って、誰と会ったかを想い出し、心に留めます。

「2月に3日間一緒にいた人とそれ以来、一度も会っていない。久しぶりにちょっと電話してみよう」。年末の振り返りは、そんなことに気づき、行動するための大切なきっかけになります。前を向いて走るばかりでなく、時折、休憩して歩みを振り返り、会いたい人に会って、記憶の中に想い出のアルバムを増やすことで、人生は一層彩り豊かなものになります。

私の父は、亡くなる直前、病床で「死んでいくのは怖くないけれど、会いたい人に会えなくなるのは寂しい」と言っていました。それを聞いた私は、「会う」に勝るものはない、ぬくもりある人間関係を大事にしたいと考えるようになりました。

人生は想い出でできています。「こんな楽しいことがあった」「あの時の私たちはすごかった」――。そう想い返すことで、今ある命に感謝し、限りある命を大切にしようという想いが一層強くなります。さらに力強く前に進む勇氣や元氣が湧いてくるはずです。

人は、人生の最期の瞬間、一生が走馬灯のように頭を駆け巡るといいます。楽しく、幸せな記憶があってこそ、「素晴らしい人生だった」と感じられます。どんなに金銀財宝を蓄えても、最期の瞬間の喜びをもたらしてくれるものにはなりません。楽しく、幸せな想い出をつくるため、私たちは生かされているのかもしれません。

どこに行き、誰と会い、何をしたかを忘れ去ってしまうのは、あまりにももったいないことです。せわしない日々の中にも、意識して〝休憩所〟に立ち寄りましょう。そして、今に至るまでのあなたの人生を丁寧に振り返りましょう。再び歩みはじめた時、きっとあなたは、命を、人生をさらに輝かせることができるはずです。

62

歩幅は変えられる、一歩一歩、今日の自分らしさで進めばいい

私が37歳の時、最愛の父が病気で亡くなりました。病床にあった父が、私に教えてくれたのが、こんな言葉です。

「どんなときにも、歩幅は自分で変えられる。しんどいときは歩幅を少し小さくして進むといいよ。ずっと頑張ることがいいわけではない。人生を楽しめる健やかな心と健康を保つことが重要だよ」

前に進みながらも、歩幅は自分の調子で変えていい。ときには立ち止まる日があってもいい。無理せず、ありのままの自分でいい。そう知って以来、私は心身の変化に応じてうまく

自分をコントロールすることを心がけるようになりました。

人は「早くゴールにたどり着きたい」「１００点満点を取りたい」と願い、必死になって頑張りがちです。ゴールや１００点を求めているとき、先を行く人、もうできている人が目に入ると、できない自分に焦り、いらだちや情けなさすら感じてしまいます。

「なんとか追いつきたい」と思うと、大股で、早足で歩こうとします。自分の心に焦点を合わせることなく、無理に大股や早足で歩くのですから、楽しむ余裕なんてありません。これでは到底、良いパフォーマンスは発揮できません。

「自分の歩幅でいい」「自分のペースで進めばいい」と意識してみましょう。「追いつかなくては」「頑張らなくては」とがんじがらめになっていた心の呪縛を解き放つことができます。

今日の自分の歩幅やペースを理解し、周囲への感謝の気持ちを持ち、夢に向かって笑顔で歩んでいけば、自然とパフォーマンスも上がります。求められるお役目を果たすことができ、世の中を明るく幸せにできます。誰かと比べることなく、あなたらしく、一歩一歩、進んでいきましょう。

63

足元と星を見て進もう

この言葉を考案したのは、ベアーズで人材開発やお客様部門の責任者を歴任してきた筒井亮太です。２０１２年ごろ、「社員で『ベアーズフィロソフィー』をつくろう」と呼びかけた際に出てきました。

当時、ベアーズは創業以来の正念場を迎えていました。11年に東日本大震災が発生した後、暮らしをサポートする家事代行サービスの需要が急速に高まり、お客様が急激に増えました。12年には、テレビ東京のテレビ番組「カンブリア宮殿」でベアーズが取り上げられたこともあり、お客様も社員もさらに増えました。

その中には、ベアーズの企業理念や企業姿勢に共感したというより、テレビの影響で、「ちょっと利用してみよう」というお客様や「試しに一度働いてみよう」と考えた社員がいました。私たちは来る日も来る日も、お客様と家事を代行する「ベアーズレディ」とのマッチングに追われ、一方で新しいお客様と、まだ現場に慣れていないベアーズレディとの間でトラブルが続出し、対応に迫られ、ベアーズとして特に辛く、大変な時期でした。

そんなとき、悪戦苦闘している足元の状況ばかりを見ていると、へこたれてしまいそうでした。直面している苦境を乗り越える力すら湧かなくなりそうでした。「今日」の問題には全力を注ぐことが必要です。でも同時に、私たちはどこに向かおうとしているのか、何を実現し、世の中をどう変えようとしているのか、「明日」に向け、〝星〟という名の夢や希望を見て進むことが必要でした。そこで出てきたのが「足元と星を見て進もう」という言葉でした。

星は見ようとしなければ、すぐに雲に隠れてしまいます。見ようと努力すれば、必ず、美しい輝きで、私たちが進むべき道を優しく照らしてくれます。足元も見る。同時に星も見て夢や希望を想い描く。自分を信じ、仲間を信じ、今と未来の架け橋になる。筒井が考えたこの言葉には、そんな想いが詰まっています。今も、私の心に深く刻まれています。

64

感謝のそばに幸せがある

感謝と幸せは背中合わせです。幸せは、感謝の上に成り立っています。また〝小さな感動の種〟に気づける人は、その数だけ幸せが膨らみます。

あなたに優しい言葉をかけたり、あなたのために行動したりしてくれた人には、自然と「ありがとう」という気持ちになるでしょう。感謝の気持ちからは、信頼や絆が生まれます。

「朝摘みのブルーベリーをジャムにして持ってきてくれたの？　うれしい。ありがとう！」

こういう感謝の気持ちであれば、伝えた人も、言われた人も幸せな気分になります。感謝を言葉や行動、態度で表現できる人は、周囲に幸せを増やせるのです。

私は、以前大阪支店長からプレゼントされた傘を、大切に愛用しています。何度かレストランや電車に置き忘れてしまったことがありますが、必ず見つかります。「○○くんが私のために選んで買ってくれた傘だから、ご縁がつながっている」と感じていつもありがたく、幸せな気持ちになります。

中には、口では「ありがとう」と言っても、実際は心が満たされていないという人がいます。それは「優しい言葉をかけられた」「プレゼントをくれた」という表面だけに目を向けて、感謝していないからです。とても残念なことです。相手が、どれだけあなたに想いを寄せてくれているかを考えれば、心から幸せを感じられるはずです。

毎日、身の回りで起きていることすべてに感謝の気持ちを持ち、たくさんの幸せを感じましょう。大事なものも、幸せも、すべては〝今ここ〟、足元にあります。それに気づくことが、あなたの人生を輝かせる秘訣です。

第 11 章

大切な今を歩もう

65

今しかできない！　を大切にしよう

当たり前だけれど、忘れがちな人生の真理があります。それは、「『今』という時は、もう二度と来ない」ということです。

人生は、二度と来ない「今」の連続で成り立っています。「今しかできない」ことをいとおしむ心を持ち、その瞬間、そのひと時を大切に、丁寧に味わうことで、あなたの命はキラキラと輝き出すはずです。

友達5人でコンビニエンスストアに行き、それぞれ好きなアイスを選んで買ったら、全員が偶然、同じ「ガリガリ君」を手にしていたとしましょう。

「5人そろって同じものを選ぶなんて、めったにないことだね！」「せっかくだから記念に写真を撮っておこう！」

今、起きた偶然を大切にしようと想い行動すると、なんだか心がワクワクする出来事が増えてきます。

私は、ベアーズ社内にいる既婚の男性社員全員に、「奥さんが出産するときには、できる限り立ち会ってあげてね」と話しています。

仕事は明日でも明後日でも、いつでもできます。けれど、大切な家族の誕生に立ち会う経験は、「今」しかできないことです。仲間を信頼して業務を託し、「今しかできない」ことのために産院に向かう方が、人生の醍醐味を味わえます。

今しかできないこと、あなたにしかできないことを大切にしましょう。それが、「あの時、あれをしておけばよかった」という後悔のない人生を送る秘訣なのです。

66

心が老いていない人は若い！

「あの人はいつもイキイキしているね」「ハッピーなオーラにあふれているね」と人に言われるような、内面から輝きを放つような人間になりたいと思ったら、心を老いさせない努力をしましょう。

80代、90代と肉体年齢は高くても、魂年齢が若ければ、エイジレスで容姿も若々しく見えます。20代、30代と肉体年齢は若くても、心が停止していて、エネルギーを発していなければ、老けて見えます。いくら外見を磨いても、心が老いていたら、魅力的には見えません。

「心を老いさせない」とはどういうことでしょうか。何事にも好奇心を持ち行動する。素直に感謝し、笑顔になる。想いを口に出す。新しいこと、新しい出逢いにときめく——。

そんな自然体の姿勢が、心を老いさせないポイントです。

私の一番のお手本は、85歳になっても、心が自由で若々しい母です。電話でお友達と「紅葉を見に行きましょう」「栗ご飯が食べたいわね」と楽しそうに2時間も話しながら温泉旅行の計画を立てていると思ったら、電話を切るなり、私に「旅行のためのお小遣いちょうだい」と手を出してきます。体調を万全に整えて迎えた旅行当日は、おしゃれな洋服を着込み、昭和の女優のような帽子をかぶって出かけて行きます。

83歳の誕生日のディナーには、「父も好きだった鉄板焼きの店に行きたい」とリクエストされました。当日、梅酒ロックを飲みながら、ご機嫌でフルコース料理を味わっていた母ですが、よく聞いてみたら、前日も同じ店でランチを食べていました。ランチは自分で支払い、値段が高いディナーは私からのごちそうと、しっかり使い分けていたのです。

心のまま、自由に楽しく、やりたいことを貫き生きている母のウェルビーイングはとても高いはずです。「命を生ききっている」と感じます。心を老いさせることなく、丁寧に、ダイナミックに生きていきたいものです。

67

あの時、分からなかったことも、今分かればそれが一番のタイミング

「3年前に副社長に言われた言葉が、今やっと分かりました！」

ある時、社員にこう言われたことがあります。3年もたって分かったとは驚きましたが、「分かったその時」が、その社員にとってのベストタイミングだったのでしょう。

誰でも、人生においては様々な人からアドバイス、忠告、意見などを受けることがあります。もしかしたら、その時には「よく意味が分からない」「しっくりこない」と思うかもしれません。

でも、「分からない」ことを嘆いたり、心配したりする必要はありません。置かれた場や境遇や環境が変わり、機が熟せば、いずれ理解し、自分の血肉にできる時はやってきます。そして、その理解できた時が、あなたにとって、そのアドバイスや忠告を受け入れるのに一番良いタイミングなのです。その日のために、アドバイスや忠告を記憶にとどめておくことが大切です。

私が副会長を務める一般社団法人東京ニュービジネス協議会で、２０２３年8月、小学生〜高校生を対象とした起業体験イベントを開催しました。参加者は10〜18歳です。イベント開会の挨拶に立つことになっていた私は、「小学生から高校生までいる会場で、誰に照準を合わせて話せばいいのだろう」と考えました。結局、大人の起業イベントなどで話すのと同じ内容の話をしました。10歳の子どもたちに対しては、「これから話すことは、まだあなたたちは分からなくてもいいよ。でも、私が言った言葉は書いて残しておいてね」と伝えました。

彼ら、彼女らは10年後、15年後に、「ゆき先生はこんなことを言っていたな」と思い出し、起業の参考にしてくれるかもしれません。誰にでも、ベストタイミングはやってきます。〝その時〟が来るのを待ち、備えておく心がけを持つことが大事なのです。

68

雨はやがて上がる、花はやがて散る。今を一所懸命に生きよう

生きとし生けるもの、すべてに当てはまる、不変の真理があります。それは「誰もが、刻一刻と死に向かっている」ということです。今、地球で暮らすすべての人は、200年後にはこの世にいません。限られた、今だけの命を生きています。

何事も、変わらぬものはありません。土砂降りの雨も、やがて上がる時は来ます。可憐に咲く花も、いずれは散ります。今日の当たり前は明日の当たり前ではありません。寂しくはかないようにも感じられますが、だからこそ、限られた時を生きる花は美しいのです。

命も同じです。永遠不滅ではなく、いずれは消え去ります。社会が大きく変わり、コロナや

地球温暖化や資源枯渇など、世界中で予測の不可能な様々な出来事が起きつつある中で、これだけは明確で確実な未来です。

いずれ間違いなく消え去る命なら、今、与えられた時間を精一杯生きましょう。過去に戻ることはできないし、未来に飛ぶこともできません。ただ、未来を自らデザインすることはできます。それは今の選択の延長線上にあります。すべては今に凝縮されています。

「明日がどうなるか分からなくて怖い」と思うのなら、怖くない道を選べばいいのです。「どうも元気が出ない」と思うのなら、自分が明るく前向きになれるものを用意すればいいのです。やりたいことをやって、自分を幸せにして、その幸せな心から生まれるプラスのエネルギーを、他の人を幸せにするために役立てていきましょう。

命は〝今ここ〟にしかありません。私が「素敵だな」と感じるのは、仕事をするときも、遊ぶときも、食べるときも、何をやるにも「今」という瞬間に集中している人です。今を大切に、「一生懸命」よりも「一所懸命」に生きていきましょう。

69

〝今〟をどう生きるか、これがウェルビーイング

「全員、手を出してください！」

様々なセミナーで登壇する際、私がよくやるお気に入りのワークがあります。その冒頭で、参加者にこう声をかけると、皆さん、けげんそうに手を出します。そこで続けます。

「これから、合図をしたら、これまでの生涯で、一番大きく手をたたいてください。1回しかやりませんよ。思いっきりたたいてくださいね！」

そして、「はい、どうぞ！」と合図すると、皆さん、「よし！」と気合いを入れて、ものすご

い勢いで手をたたきます。それだけ強くたたくのですから、当然、手はジーンとしびれてきます。そこでこう言います。

「手がしびれましたね。そのしびれた瞬間が〝今〟です」。

誰も手をたたく前には戻れません。しびれが治まるであろう20秒後にスキップして進むこともできません。ジーンとしびれるその瞬間が、誰にとっても〝今〟なのです。

人生において大事なのは、その〝今〟に心のピントを合わせることです。

自分は何者で何がやりたいのか。どこへ行き、何を話し、誰と会い、何を食べようとしているのか。それらを丁寧に、一つひとつ決断することです。

お昼休みに、コンビニエンスストアへ昼食を買いに行くとします。あなたは、なぜコンビニに行くのでしょう。「いつも行くから」とか、「課長が『行こう』と言ったから」というのでは、ただの惰性です。今を生きていることにはなりません。

「今日は体調があまり良くない。油っこくない、胃腸にやさしい食べ物を探しに行こう！」というように、自分自身の意志を明確に持ち、それに従ってアクションすることが、心のピントを今に合わせ、今を生きることです。

今をどう生きるかの追求は、あなたのウェルビーイングを高めることにもつながります。

私の周囲には、「自分らしさとはなにか」を考え、行動する人たちが増えています。そういう人たちは、逆境に置かれたり、試練が訪れたりしている渦中にあっても、困難な状況にくじけずに、「自分の魂が喜ぶことはなにか」を追いかけ、実践しようとしています。

人生は、一筋縄ではいかないことの連続です。それでも、いかに働くか、いかに学ぶか、いかに遊ぶかは、あなた自身が自由にデザインすることができます。息づかいすら、自分でコントロールできます。それに気づけば、人生はもっともっと面白くなります。

今を丁寧に生き続けた結果、24時間、一日が出来上がります。その一日一日が何日も、何年も積み重なったものがあなたの人生です。未来への不安や過去への後悔で、〝今ここ〟の瞬間に、人生のピントを合わせることができないのは、とてももったいないことです。一秒一秒をいとおしみ、精一杯生きていきましょう。

今をどう生きるか。これを繰り返し自問自答することが、究極のウェルビーイング向上につながるのです。

70

人生は毎日が種まき。未来を迎えに行こう

人生は「選択」で成り立っています。今日、あなたが仕事をして、友達と会って、一緒に食事をしているのは、決して偶然ではありません。過去、あなたが意思と意識を持ち、それを選び取ってきた結果です。あなたのこれまでの選択が、今のあなたをつくっています。

起きている出来事も、目の前にいる人との出逢いも、過去に自分がまいた種が、芽吹き、葉がしげり、花が咲いたものなのです。そう考えると、今起きていることすべてを「ありがたい」と感じられます。「種をまいておいて良かった」と心から思えるはずです。

あなたは、人生において、何を一番に考え、何を大事にしていますか？

私は、「自分がかかわるすべての人に、孤独を感じてほしくない」という想いを真ん中に置いて、毎日、未来への種をまいています。

人は誰でも弱いもの。勇敢な人でも、心がくじけそうになるときもあります。ふだんはイケイケに見える人でも、辛く悲しい思いをするときもあります。それでも、みんな自分のお役目を果たすために前に進もうと頑張ります。

そんなとき、私はお月さまのように、進む道を静かに、明るく優しく照らすことができる存在でありたいと思います。そういう心の根っこを持ちながら、毎日、一粒一粒、丁寧に、心を込めて種まきをしています。

今日の一歩が明日をつくります。だから私は、今日もまた、自分が迎えたい未来のため、せっせと愛の種まきをして歩きます。兆しを感じたらそれを道標に、あなたらしい種をまいて自分を信じて進みましょう。未来はあなたを待っています。

「髙橋ゆき」が
できるまで

第1～11章で、「髙橋ゆき」が大切にしている言葉をお伝えしました。ここからは、これらの言葉を生み出した「髙橋ゆき」が、どのように形づくられてきたのか、その軌跡をご紹介します。

私が今の私になるまでには、たくさんの大切な出逢いがありました。父、母、祖母、夫、子どもたち、一時期暮らした香港で家事を助けてくれたフィリピン人メイドのスーザン、志に共鳴し共に活動してくれるベアーズの仲間たちなど……。こうした方たちとのかけがえのない時間と経験が、今の「髙橋ゆき」の思考や発想の源になっています。

写真家の父、起業家の母

私は父が25歳、母が30歳の時、一人娘として生まれました。父は写真家、母は出版社を経営し、「美しいモノは人の心を幸せにする」という信念から、宝飾業界向けの雑誌を発行していました。父も写真家をしながら広告代理店を経営していたので、日常的に、ビジネスに関する話題が交わされる家庭でした。

父は優しく、穏やかで、決まったことをしっかり守るきちょうめんな性格で、仮に停電があったとしても、自分の身の回りのどこになにがあるかがすぐに分かるぐらい、すべてのものを決まった場所に置いていました。博学な父は私にとって「人生の辞書」のような人。物事の考え方も心の持ちようも、世の中のことをなんでも教えてくれる存在でした。

一方の母は、父とは真逆で直感と本能で生きるタイプです。破天荒で自由。エネルギッシュでパワフルな、灼熱《しゃくねつ》の太陽のような人です。母の座右の銘は「一寸先は闇」で、今を惜しみなく、悔いなく、好きなことをやりきりながら生き抜いてきました。

正反対の2人が恋に落ちたのは不思議にも思われますが、お互い、自分にはない魅力を相手に見いだしたのでしょう。

共働きだった両親に代わり、日々の家事を担い、私を育ててくれたのは明治生まれの祖母です。今、私は「家事研究家」としても活動していますが、皆さんに紹介する家事に対する考え方や家事の技などの多くは、祖母から学んだものです。

祖母は地域の民生委員を務め、近所の方からいろいろな相談を受け、解決をサポートしていました。亡くなる2年ぐらい前まで、よく「今の社会課題はこれだ」「解決するには世の中がこう変わらなくてはいけない」という話を聞かせてくれました。

そんな祖母から、私は大きな影響を受けて育ちました。「『夢を持て』とよく言うけれど、夢は一人きりで叶《かな》えられるものではない。夢を口にして、共感してくれる人や応援してくれる人と一緒に叶えることこそが大切」という祖母の教えは、「唇に夢を心に笑顔を」という言葉になり、私の中で生きています。

堂々と生き抜くこと。常に優しい気持ちでいること。祖母の生きざまから感じ取ったことが、私の考え方や価値観の根底にあります。

デリケートな性格で胃カメラ検査の常連に

小さい頃の私は少し変わった子どもで、よく哲学的なことを思索していました。お小遣いで初めて買った本はゲーテの詩集でした。

「秋になると、なぜ葉っぱは木から落ちるの？」

「夜空の星はどこから出てくるの？」

そんな疑問を抱いていては、両親や祖母に質問していました。

周囲の出来事や人の心の機微、感情にもとても敏感でした。今思うと、ＨＳＰ（Highly Sensitive Person）の傾向があったのでしょう。学校で泣いている子を見かけたら、気になって仕方がありません。いじめられている子がいたら、いじめている側の子を呼び出してお説教をしたこともあります。正義感の塊で、困っている子がいたら「放っておけない」「なんとかしなくてはいけない」と思えて、いてもたってもいられないのです。

そうした〝超デリケート〟な性格が影響したのか、私は小学校5年生で胃潰瘍や逆流性食道炎を患いました。胃腸の不調はその後も続き、中学生の時から、胃カメラ検査の常連になりました。中学2年生の時には、適応障害と診断されました。

今、私のことを「いつもポジティブ」「エネルギーに満ちあふれている」と、生まれながらの〝無敵の強者〟のようにとらえる人が多いのですが、実際はそんなことはありません。弱いところもたくさんあります。そういう弱さを知った上で、元氣に心地よく過ごせるような環境をつくろうと努めてきたことで、今の自分があります。

夫・髙橋健志との出逢い

夫・髙橋健志と出逢ったのは、高校卒業後に進学した短大時代です。彼は同じサークルの1学年上の先輩でした。最初に抱いた印象は〝野生のサル〟です。

若い頃の私は、見えない枠の中に自分をはめて生きていました。親から「やってはいけない」と言われたことはもちろんやらない。「こうしなくてはいけない」「こうあるべきだ」という考えに縛られていました。今の私とは真逆かもしれません。

そんな私と違い、夫は親をリスペクトしながらも、何の枠にもとらわれず、自分がやりたいことをやっています。自由で実行力があり、生き抜く力にあふれているように見えました。おそらく、父や母と同じように、お互い、自分にないものを持つ相手にひかれたのでしょう。知り合ってしばらくしてから、私たちは付き合うようになりました。

デートの時には、ファミリーレストランで食事をしながら、「何か社会の役に立つことがしたい」と語り合う、少し風変わりなカップルでした。「自分たちのような、大人と子どものはざまの世代が読める情報誌があるといいね」と、雑誌を創刊する企画を立てたこともあります。今思えば、社会起業家精神が宿った2人で、後に家事代行サービス業を産業化したことも必然だったのかもしれません。

私は、短大卒業後にカナダのトロントに留学する計画を立てていました。短大卒業後、海外に2年間留学すれば、四大を卒業した人と同じ年で社会に出られるという人生設計でした。

しかし私が短大を卒業する直前、同居する祖母が脳梗塞で倒れてしまいます。祖母には半身まひが残り、入浴やトイレにも介助が必要でした。その祖母を置いて海外に行くことはできません。留学を断念した私は、慌ててＩＴ関係の会社に就職を決めました。

その後は、仕事をしながら、祖母の入浴や夜間のトイレ介助を担いました。祖母の部屋の隣に布団を敷き、夜中に「ゆきさーん」と呼ぶ祖母の声を聞くと起き出して、トイレの介助をしました。今でいう「ヤングケアラー」ですが、当時の私には「介護をしている」という感覚はなく、自分を育ててくれた祖母の世話をするのは当然のことと受け止めていました。

ただ、仕事をしながらの介護だったので、楽にできるよう知恵を絞りました。最初に工夫したのが入浴介助用のいすです。祖母の身体を洗いやすいよう風呂場にパイプいすを持ち込みましたが、滑って危ないので、塩ビホースをはさみで切り、いすの脚にはめたのです。

祖母を介護した時に編み出し、実践した様々な暮らしの知恵は、今、家事研究家として活動する私の根っこになっています。

母の会社が倒産、両親の生活を担うことに

残念ながら祖母が亡くなった後、私は23歳で母の会社に入社しました。母の跡を継ぐことを前提に様々な業務を覚えはじめましたが、入社してからわずか1年半後、母の会社は倒産

してしまいます。まさか母が経営する会社の倒産に直面するとは思いもしませんでした。

私は倒産後の処理をするために、弁護士事務所で半年間、アルバイトをしました。そこで、母が人生を懸けて25年間経営していた会社が、音を立てて崩れていく様を見ていくことになります。それまで何不自由なく暮らしていた私たち家族ですが、家も車も家財道具も差し押さえられ、一文なしになってしまいました。父と母の身の安全は確保できましたが、２人とも個人破産し、クレジットカードも持てません。私が２人の生活の面倒をみることが必要になりました。

夫とは、24歳の時に結婚しました。この苦しい状況にあっても、夫は「雨をしのげる屋根があって、家族が元氣で仲が良くて、食べるものに困らないなら、こんなに幸せなことはない」「後から考えれば、こういう時代が一番幸せだったと思える」と前向きな言葉を発してくれていました。その言葉にとても救われました。

実際、倒産して貧乏にはなりましたが、父も母も全く不幸ではありませんでした。この経験から、心が美しければ、お金がないことなんて全く関係ない、人生においてもっと大事なことはたくさんあるということを学びました。

当時は、家族4人で一日に使えるのは500円だけ。生活はギリギリでしたが、我が家の窮状を察した近所の鮮魚店や精肉店が、あまったお魚やコロッケをおまけにくれることもありました。人の優しさが心に染み「周りの人たちに支えられて私たちは生きている」と気づかされる経験でした。

ご縁があり夫婦で香港へ

その後、母の会社で働いていた時に知り合った香港の会社の社長さんから「うちの会社で働かないいか」と声をかけていただきます。夫も「香港の人たちの仕事の進め方や考え方に触れる絶好のチャンス」と勧めていたホテルを辞めて一緒に香港へ行くことになりました。それを知った社長は、夫にも入社を勧めてくれ、夫婦で同じ会社に入社します。私はマーケティングとブランディングのマネージャーとして働き、夫は日本企業向けの営業を担当しました。

香港に渡って数カ月、新生活を楽しんでいた私たち夫婦ですが、ある日、身体の異変に気づきます。妊娠でした。もちろんうれしかったものの、一方で「まずいな……」と思いました。

香港の会社には入社したばかりで、仕事ではまだ何の功績もあげていません。妊娠・出産・育児へと進んでいけば、仕事をセーブしなくてはならないだろうと申し訳ない気持ちになりました。当初は、社長をはじめ会社の人たちに妊娠を打ち明けられず、おなかが目立たないフワッとした洋服を着て通勤していました。

妊娠6カ月を過ぎ、おなかの膨らみが隠しきれなくなった頃、思い切って社長に妊娠を伝えました。すると、社長は「ゆき、それは素晴らしい！」ととても喜んでくれました。日本の中小企業の経営者だったら、即戦力と期待して入社させた外国人がいきなり妊娠・出産、そして育児ということになったら、良い顔をしないはずです。「なぜ、社長はこんなに喜んでくれるのだろう」と不思議に感じ、思い切って「赤ちゃんを生んだ後にも同じように働けるか不安です」と伝えました。

すると、社長は「大丈夫だよ。香港では東南アジアから来ているメイドが共働き夫婦を支えている。ゆきも彼女たちに助けてもらえばいい」と言うのです。オフィス内の女性社員を指さし、「あの人も、この人も、みんな子どもがいる。彼女たちに聞いてごらん。メイドたちが掃除や料理をしてくれるんだから」と言います。聞くと確か全員がメイドを雇っていました。

日本で当時家事を担うお手伝いさんを雇えるのは、ごく一部の富裕層だけでした。ところが、香港では20～30代の若いカップルが活用するほどメイドが浸透し、人々の暮らしを支え、経済の発展を後押ししていたのです。私は、大いにカルチャーショックを受けました。

メイドのおかげで仕事と育児を両立

夫と相談し、我が家でもメイドを雇うことを決めました。運良く、知り合いのご夫婦がシンガポールに転勤するため、その家で働いていたフィリピン人メイドのスーザンが来てくれることになりました。

第一子の息子が生まれた時、すでに我が家にはスーザンがいたので、家事も育児も手伝ってもらえました。新生児の育児といえば、3時間おきの授乳が必要ですが、私は息子の時にはそれを経験していません。夜中でも、「もうすぐ起きる」というタイミングで、スーザンが夫婦の寝室に入ってきて、泣き出す前の息子をベッドから抱き上げ、別室でミルクを飲ませてくれていたからです。私は出産前と変わらず、朝までぐっすり寝て、スッキリした気分で会社に行って仕事ができました。フルタイムで仕事をした後、家に帰れば、部屋はきれいに掃除も整頓もされ、洗濯ものにはアイロンがかけてあり、お風呂が沸いていて、ベッドメイキングもされています。手を洗ってテーブルについたら、おいしいご飯が出てきます。私は息子と遊んだり、夫とコーヒーを飲みながらのんびりおしゃべりしたりすればいいのです。出産後も、私らしさを保ちながら、仕事と育児を両立できました。

今、振り返って考えても、26～30歳を過ごした香港での暮らしは、人生において最もストレスなしに過ごせた期間でした。家事や育児のことで夫婦げんかになることもなく、自然と第二子の出産も考えられるようになりました。

スーザンのような存在がいることで、女性は輝く。女性が輝けば男性も輝く。男性も女性も輝き活力が生まれれば、子どもたちも健やかに育つ。そんなことを実感しました。香港でのこの原体験が、後に夫婦でベアーズを創業する大きなきっかけになります。

香港での生活が4年を過ぎた頃、夫が突然、「そろそろ日本に帰ろう」と切り出してきました。「香港に骨をうずめるつもりがないのなら、日本に帰ってお世話になった方や支援してくれた方たちに恩返しできるよう、地に足をつけて何かをはじめよう」と言うのです。すでに社長にも話をつけてあり、1カ月後に帰国することになりました。

「お前、ブスになったな」

米国に短期留学することになった夫に先立ち、私は息子と一緒に日本へ帰国します。第二子を妊娠していた私は、しばらく実家に居候しました。無事、第二子の娘を出産しますが、今度は香港の時とは違い、スーザンのようなメイドはいなかったので大変でした。

娘は3時間おきどころか、全く寝てくれません。育児に追われながら食事をつくり、洗濯も掃除もする生活に疲れ果ててしまいました。帰国した夫に、「この洗濯物、ちょっと乾きってないよ」などと言われると半ギレして、「自分で洗濯して！」と言い返すような毎日です。香港時代とは大違いでした。

ある時、家に帰った夫が私の顔を見るなり、こう言いました。

「お前、ブスになったな」

顔立ちがどうこうというのではありません。目が三角につり上がり、笑顔もない表情を夫はそう表現したのです。辛辣な一言が胸に刺さりました。確かに、当時は心にゆとりがなく、いつも何かに追われているような状態でした。

「だって、日本にはスーザンがいないんだもん」

私がそう言い返すと、夫はロダンの「考える人」のようなポーズになって黙り込んでしまいました。しばらくすると、顔を上げて言いました。

「それならば、産業をつくろう！」

日本には香港のように、気軽にメイドを雇う文化がありません。家事代行サービスを産業として育て、富裕層ではない一般の人でも使えるようにすれば、子育て中の若いカップルもイキイキと自分らしく活躍できて、日本の社会は豊かになるだろうというのが夫のアイデアでした。

目指すは家事代行サービス産業の確立

家事代行サービス産業をつくる——。それは日本の社会を大きく変え得る、素晴らしい志でした。「会社をつくる」のではなく、「産業をつくる」という夢に、とても魅力を感じました。

一方、その道を突き進むことに不安を感じ、ブレーキをかけようとする自分もいました。私は母親の会社の倒産を目の当たりにしています。親の会社が倒産すると、子どもがどんなに大変な想いをするか、身をもって知っています。私たちはすでに子どもを2人抱えていましたから、会社員として働き、安定した環境の中で子育てをしたいという想いもありました。

そんな私の不安を察知した夫は、「家事代行サービスの技術も知識もないままでは、ゆきが前に進めないのももっともだ」と、会社員として働く傍ら、夜間や週末に、ハウスクリーニング業者で技術や知識を学びはじめました。その心意氣や行動力に感動し、私も「この人と一緒なら、産業をつくれるかもしれない」と思うようになります。

フィリピンでの一枚。夫(左端)と息子、
フィリピン人メイドのスーザン(右端)と共に

しばらくすると、その頃に住んでいたアパートに電話会社の工事業者が来ました。夫がフリーダイヤルの設定を申し込んでいたのです。創業の外堀を埋められた形でした。その時に、4つの候補の中から選んだのが、今のベアーズの代表番号である「０１２０-５５２-４４５」です。

１９９９年10月、自宅を本社オフィスに、家事代行サービス業を請け負うベアーズが誕生しました。私たちはチラシを作成しました。コンビニエンスストアでコピーを取り、自宅周辺の高層マンションにポスティングし、少しずつオーダーが入るようになりました。

パニック障害を発症

こうしてベアーズは稼働をはじめましたが、家事代行サービスの事業が軌道に乗るまでには当然、時間がかかります。その間も、なんとかベアーズの諸経費と髙橋家の家計と両親への仕送りを捻出しなくてはなりません。

ある時、私は夫から「ゆき、ちょっと〝出稼ぎ〟に行ってくれないか」と言われ、経費や家計にあてるお給料を稼ぐため、ＩＴベンチャー企業に勤めはじめました。

そこからの私は必死でした。私が倒れたら、ベアーズも家族も生きていけません。そのＩＴベンチャーは、四半期ごとの成果によって、次の期のお給料が決まるシステムだったので、なんとか自分の評価を高くしなくてはいけないと気を張っていました。役員秘書兼広報室長を務め、さらに海外事業本部で米国サンノゼのオフィスオープンを担当するという具合に、いくつもの仕事を掛け持ちました。

2歳と0歳の子どもを抱え、無理を押して働いているうちに心も身体も限界を超えてしまったのでしょう。30歳の時、パニック障害を発症しました。何をやろうとしても気力が出ず、食欲も全くありません。緊張を強いられる場では動悸《どうき》が激しくなり、フラフラして呼吸が苦しくなります。それでも、「自分に限って病気になることはない」「私はそんなに弱くないはず」と奮い立たせ、だましだまし仕事を続けていました。

ついに32歳の時、倒れてそのまま入院しました。心臓の不整脈と下痢が止まらず、帯状疱疹《ほうしん》になり、急性肺炎も併発し、心身の機能がこわれてしまったのです。

実は、この時に患ったパニック障害は、今も完治していません。うまくコントロールしながら病気と付き合っています。自分のバイオリズムを把握し、頑張り過ぎないよう、エネルギーを配分したり、「これをしてはいけない」ということに気を遣ったりもしています。

様々な企業と提携、家事代行サービスを広げる

32歳で入院を経験した後も、服薬でパニック障害の治療をしながら、仕事を続けました。ベアーズがようやく1人分の給料ぐらいは出せるようになったタイミングで、お世話になったＩＴベンチャー企業を退職し、ベアーズに戻りました。２００２年、33歳の時のことです。ベアーズで任されたのが、「家事代行サービス産業をつくり、社会の役に立ちたい」という志を社会に広げる〝伝道師〟の役割でした。要は広報やマーケティングの業務です。

ＩＴ企業で勤めた経験を生かし、まずホームページをつくり直しました。そして、近くの公園で宣伝活動をしました。子ども連れのお母さんたちに声をかけ、「育児で慌ただしい時期こそ、家事代行サービスを利用して笑顔になってほしい」と訴えたのです。その中から、実際にサービスを利用してくださる方、ベアーズの志に共鳴して「うちのマンションの講習室を使っていいよ」と宣伝に協力してくださる方などが出てきました。

家事代行サービスを一般家庭に広げていくために立てたのが2つの戦略です。

1つは、家事代行サービスの重要性に共感してもらえる企業と手を組み、その企業のお客

様にサービスを提供していくことでした。様々な企業に対して営業活動を行った結果、初めてアライアンスを組むことができたのが某大手セキュリティー企業です。２００５年に同社が契約するお客様への家事サポートサービスの提供を開始しました。

業界トップ企業と手を組めたことで、ベアーズの認知度や信頼性は一気に高まり、以後、多くの企業から問い合わせがきたり、話を聞いてもらったりできるようになりました。07年には、最高級５つ星ホテル、大手百貨店、大手コンビニエンスストアなどと、次々と業務提携を結びました。

「はなまるマーケット」お馴染みの顔に

サービスを広げるためのもう１つの戦略は、メディアでの露出度を上げることです。

たまたま、ある雑誌の大掃除特集で、私のことを〝掃除のプロ〟として取り上げていただく機会がありました。それを見たＴＢＳの情報番組「はなまるマーケット」のスタッフから連絡がきて、出演させていただけることになりました。当初は「水道の蛇口をストッキングで磨くとピカピカになる」といった掃除のコツを紹介していました。そのうちに、家事研究家の肩書をつけてもらい、準レギュラーのような形で出演するようになりました。

「はなまるマーケット」への出演を機に、多くの新聞や雑誌に取り上げてもらえるようになりました。ただ、中には家事代行サービスとハウスクリーニングの違いを理解しないまま書いた記事が新聞に掲載されることもありました。

ハウスクリーニングは、プロの知識を持つ専門家が、プロの機材や洗剤を使い、エアコンや換気扇などを分解・洗浄するものです。掃除、料理、洗濯、買い物、片づけや水やりなど、本来は家族でもできる日常の家事を請け負う家事代行サービスは、それとは全く異なります。

「家事代行サービスのＰＲが足りなかった」と反省した私は、大手新聞社にアポなしで乗り込み、記者の方たちを相手にプレゼンしました。ハウスクリーニングと家事代行サービスの違いを説明した上で、２つのことを伝えました。

１つは、「私たちベアーズは、人々の暮らしを支えるインフラになることを目指している」ということです。家事代行サービスの産業をつくれば、若いカップルがキャリアをあきらめたり、家事や育児でけんかをしたりすることはなくなります。日本の子育てを明るく楽しく幸せなものにできると訴えました。

もう１つは雇用についてです。「家事代行サービスは高齢の方でも、自らの家事や子育ての経験をベースに担える。少子高齢化が進む日本で、高齢者もイキイキと活躍できる場を提供

安心のサービスを広げたい想いで、2006年より掲出する三軒茶屋の看板

することで、社会を活性化できる」ということです。記者の方たちも興味を持って聞いてくださり、以後、ベアーズを取材していただく機会は格段に増えました。

波乱の20代後半から30代、〝今〟を生き抜く大切さを知る

ベアーズの経営を軌道に乗せようと奮闘していた36歳の時、父にガンが見つかりました。自他共に認める〝ファザコン〟だった私は、60代前半という若さで、父の命が消えようとしている現実をなかなか受け入れられず、病院にも足が向きませんでした。母から、「逃げずに現実と向き合いなさい」と喝を入れられ、覚悟を持って父に会いに行きました。

「人生の辞書」であった父への最後の質問として、私は父に「死にゆくことってどんな感じ？」と尋ねました。父は「死ぬことはちっとも怖くないよ。ただ、会いたい人に、会えなくなるのは寂しいことだね」と答えました。「人生は有限である」「ぬくもりのある人間関係を築きながら、〝今〟を幸せに生きることが何より大切であること」今のベアーズの経営哲学にもつながる私の思想は、この時の父の言葉から生まれました。

母の会社の倒産、パニック障害の発症、最愛の父の死と、20代後半から30代は、波乱続き

でした。精神的にも肉体的にも、自分が置かれた状況と折り合いをつけるのは難しかったですが、それらの経験すべてが、私をつくってくれたとも感じました。ハプニング、プロブレム、アクシデントは、私を輝かせてくれる機会にもなると知ったのです。

39歳の時に受けたある雑誌のインタビューで、座右の銘を聞かれた際、〝人生まるごと愛してる〟という言葉が浮かんできました。うれしい・楽しい・悲しい・辛い……。人生は様々な感情が生まれるものです。ただ、起きる事象すべてに意味があり、何一つ無駄なことはありません。どんなときでも、何が起きても、愛と感謝の心を持って、一度きりの人生を生き抜いていきたいと感じました。

政府に支援を働きかける

2011年、東日本大震災の発生を機に、家事代行サービスはより一層、脚光を浴びるようになります。

「千年に一度」のこの震災によって、日本人の価値観は大きく転換しました。多くの人が、自分の命や残された時間、幸せについて、より意識するようになったのです。限られた時間は「自分でなくてはできないこと」に使おうという空気が生まれ、家事代行サービスの利用は大きく広がります。ベアーズの業績も右肩上がりとなりました。

この潮流をとらえ、私は政府に家事代行サービス普及の支援を働きかけました。日本では、「家事代行サービスを利用したい人が、安心・安全に利用するための支援」が不足していると考えたからです。アンケート調査によれば、「家事代行サービスを利用したい」という共働き夫婦は多く存在しますが、実際にサービスを利用しているのはごくわずかにとどまります。

主な理由は2つ。1つは費用です。継続的に利用するためには、もっと安価でなくてはなりません。もう1つは「他人を家に入れることへの不安や抵抗感」です。幅広い層の利用を促すため、家事代行サービス品質を「見える化」することが必要でした。

働きかけが実り、2014年に、経済産業省はベアーズなど業界大手6社と有識者を構成メンバーとする「家事支援サービス推進協議会」を発足し、安価で安心な家事支援サービスを利活用できる環境整備に着手します。15年、家事支援サービス推進協議会は事業者に求める品質ガイドラインを定めました。

さらに、家事代行サービスの利用を考えるお客様が安心して企業を選べるよう、家事代行事業者の提供するサービス品質を書類と現地審査によって評価し、安心・安全な家事代行サービス事業者を公表する事業者認証制度もスタートしました。17年にベアーズはその第1号

社長と当時専務だった私。旧社屋での一コマ

認証を取得しました。

ドラマ「逃げ恥」のヒットと家事代行の利用拡大

２０１６年にＴＢＳのドラマ「逃げるは恥だが役に立つ」が放映され、大ヒットしました。新垣結衣さん演じる主人公の森山みくりは、家事代行サービスのスタッフ役で、星野源さん演じる30代で一人暮らしの津崎平匡の家を訪問するという設定です。私はこのドラマの家事監修と指導を担当しました。

この頃から、家事代行サービスは一気に広がります。今では、子育て中の夫婦だけでなく、一人暮らしや高齢夫婦など様々な方が、当社のお客様になってくださっています。全体の半数が共働き夫婦、残りは、専業主婦、一人暮らし、高齢夫婦がほぼ3分の1ずつです。

ベアーズのお客様に行った満足度調査では、大変面白い結果が出ています。家事代行サービスを利用した感想で一番多いのが「夫婦げんかが減った」というもの。２番目が「子どもから『お母さんが優しくなった』と言われた」、３番目が「同性の友達から『若返った』と言われた」というものです。家事というのはエンドレスで、気づかぬうちにストレスが蓄積します。

「すべて自分でやらなくてもいい」と思うだけで、心に余裕が生まれるのでしょう。

　家事代行はサービスの受け手ばかりでなく、担い手も輝くことができます。主婦として、母親として生きてきた人生のキャリアをまるごと生かし、「誰かの人生のお役に立ちたい」と情熱と誇りを持って各家庭をサポートできるのは、素晴らしい経験になるはずです。

「逃げ恥」以降は、ベアーズのスタッフの若年化が進み、20代、30代の女性が「家事代行の仕事をしたい」と入社してきてくれました。現在、10代から80代までが「ベアーズレディ」と呼ばれる家事代行スタッフとして活躍してくれています。登録者数は6万人に上ります。

コロナ禍で〝暮らし方改革〟が浸透

　2020年、世界を新型コロナウイルス感染症が襲います。20年3月には、全国の小中高等学校が臨時休校となり、「ステイホーム」の掛け声の下、国民のほとんどが自宅で過ごすようになりました。共働きの夫婦は共にテレワークをする一方、子どもたちもオンライン授業で家にいます。家での食事回数も掃除の頻度も増えていく中、「家事を手伝ってほしい」という需要が高まりました。

コロナ禍は、少し前から進んでいた働き方改革に加え、〝暮らし方改革〟を浸透させるきっかけになりました。働くことと、生きること、家族のあり方などを追求し、本質的に自分の命をどう全うするのかと、ウェルビーイング向上に想いをはせる人が増えたように感じます。

私は、家事代行サービス利用を阻むもう１つの理由である費用面の課題についても、何とか解決したいと考えていました。政府からの補助金が出れば、女性も男性も肩の荷をおろして、家事代行サービスを利用しながら、もっと自分らしく社会で活躍ができると確信していたからです。

２０２３年6月、閣議決定された「骨太方針２０２３」の中に、ついに「家事支援サービス利用の普及」という項目が入りました。この方針により、本格的に日本の暮らしが変わり、真に豊かになっていくことが期待できます。長年の働きかけが実ったことを、本当にうれしく思います。

結婚、出産後の暮らしを「大変そう」と感じるなら、結婚や出産、育児を選ぶカップルは少なくなるばかりです。暮らしをサポートしてくれる信頼できる第三者がいれば、安心感を抱き、結婚や出産の意欲が湧くはずです。第一子の育児で「大変」ではなく、「楽しい」「幸せ」

と感じることができたなら、第二子、第三子を望む人も増え、少子化も解決できるでしょう。

家事代行サービスは、社会の〝幸循環〟の切り札です。

「お茶の間の幸せ」で人々のウェルビーイングを向上

以前、女性経営者が集まる会合に出席した際、その場にいた方たちが皆さん家事代行サービスを利用していました。「最後に家事をしたのがいつか思い出せない」という人もいて、「日本もここまで到達した」と感慨深いものがありました。

私は、家事代行サービスの提供によって、お茶の間の幸福度を高めることを目指しています。若いカップルにも、高齢者にも、一人暮らしの人にも、絶対的な心理的安全地帯であるお茶の間は存在します。そこで、1日5分でもゆっくり、ゆったり過ごすことができれば、ウェルビーイングは向上します。

お客様だけではなく、サービスを担うベアーズレディたちにも、ウェルビーイングな状態で働いてもらいたいと思っています。長年、ご利用いただいているお客様は、ベアーズレディの発する言葉、顔色、ちょっとした態度までよく見ていらっしゃいます。「Aさんは元氣がないようだけれど、どこか具合が悪いの？」「Bさんはご家庭で何かあったのかしら」という心配のお電話をいただくこともあります。ベアーズレディが心身共にウェルビーイングな状態で仕事をすれば、お客様にも「このサービスを利用して良かった」と素直に喜んでいただけます。

私たちベアーズは、人々が〝生きる〟場所で、真心を込めて家事を代行することによって、多くの笑顔を生み出したい。それができれば、家庭にも、社会にもウェルビーイングが広がり、「ウェルビーイング大国ニッポン」が実現します。これまで以上の情熱、〝幸動〟力、愛の循環を強く意識して、暮らしの新しいインフラサービスの構築にまい進するつもりです。

人材採用戦略の一環ではじめた部活動

今、ベアーズは部活動に力を入れています。2017年創部のチアダンスチーム「Bears Ray」、18年創部の吹奏楽団「Bears Wind Orchestra」、22年創部の女子陸上競技部「Bears Camellia」という3つの実業団チームのほか、総合格闘家とキックボクサーが活動しています。これらのメンバーは、正社員として働きつつ競技に打ち込んでいます。

部活動は人材採用戦略の一環としてはじめたものです。ベアーズは、「人的資本経営」などという言葉がない頃から、人に着目し、その知識や能力や経験を最大限に生かす経営をしたいと考えていました。

その第一歩となる採用に関して、「目の中で星が輝いているような人材を採用したい」というのが私の想いでした。自分の好きなことに夢中で、人生を懸けている人は、瞳がキラキラしています。そういう人に、やりたいことをやりながら、社会の一員として仕事を身につけていってほしい。社員たちの〝好き〟を本氣で応援することで、会社も磨かれ、輝きを増すと考えたのが、部活動に力を入れる理由です。

企業の実業団に所属している社員は、午前中だけ仕事をして、残りの時間は練習にあてるのが一般的です。〝セカンドキャリア〟という言葉があるように、選手は現役を引退してから、仕事のキャリアを考えることになります。

このように、現役時代の「主」を部活動に置くと、いざセカンドキャリアがはじまったときには、パソコンが使えない、営業のやり方も、資料のまとめ方も分からないということになりかねません。周囲に後れをとっているため、結局は退職して別の道を選ばざるを得なくなるケースも出てしまいます。

ベアーズでは、「競技」と「仕事」の２つのキャリアを同時に形成する「デュアルキャリア」を大切にしています。そのため、部活動に所属する社員にも、他の社員と同じように仕事をしてもらいます。

「デュアルキャリア」だから演技も演奏も深みが出る

ベアーズでは、部活動に参加するメンバーの多くが、家事代行サービスの現場で、最高級プラン「ロイヤルプラン」のスタッフとしてサービスを行っています。一部のメンバーは教育担当教官になるまでに成長しました。本社の管理部門で役員秘書や広報業務を担うメンバーもいます。男性社員はコールセンターや営業などで仕事をしています。

部活動の練習を行うのは、それらの業務を完全にこなした後です。彼らは精神的にも身体的にも大変ではありますが、デュアルキャリアを実行し、人生を懸けて踊り、演奏し、走り、闘っています。だからこそ、味わいや深みのある演技や演奏が可能になるのだと思います。そして、仮に部を引退することになっても、仕事で幹部候補生として歩んでいけるはずです。

「Ｂｅａｒｓ Ｒａｙ」は２０２３年４月、米フロリダ・オーランドで開かれたクラブチームの世界選手権「WORLDS」OPEN JAZZ部門で銅メダルを獲得しました。帰国後、部員一人ひとりが朝礼や大会報告会で発言する機会がありましたが、みんな瞳を輝かせて、「ベアーズが大好きです」「愛を込めて仕事をしていきます」と話してくれて感動しました。

「Bears Wind Orchestra」は現在メンバーが15名。23年は、第24回大阪国際音楽コンクールデュオ部門で第2位、第6回K室内楽コンクール優秀賞・第1位受賞などの輝かしい賞もいただきましたが、何よりもありがたいのは、「暮らしを豊かにする吹奏楽団」として多数の地域イベントなどに呼ばれ、多くの方々に愛されていることです。

「Bears Camellia」は23年10月、実業団対抗女子駅伝予選会「プリンセス駅伝in宗像・福津」に創部1年半で初出場しました。結果は20位で目標としていた女子駅伝日本一決定戦「クイーンズ駅伝」の出場権には届きませんでしたが、多くの声援を受け、次につながる大きな走りができました。「クイーンズ駅伝」出場権獲得の夢が叶《かな》う日は、きっと遠くないはずです。

一方、格闘家の2人の鍛錬を惜しまぬ姿にも、いつも感心させられています。格闘技の場合、次の試合日程が決まっていないことも少なくありません。場合によっては1年間試合が組まれない可能性もあります。そんな中でも、2人は日々ストイックに身体を鍛え、調整しています。何事にもひたむきに、一所懸命に臨む精神力は、ベアーズの力になっています。

部活動によって、社内のコミュニケーションも一層活発になっています。部員たちが所属する部署の社員は、競技会や試合、演奏会の応援に行きます。そういう場では、私が初めて会い、話す社員もいて、交流を楽しむ良い機会にもなっています。これからも、私はメンバーの「人生の総監督」という意識を持ち、一人ひとりの人生、心の軸に寄り添っていきたいと思います。

願いは「愛する人たちの人生が愛で満たされ、幸せであること」

振り返ると、私の半生は波瀾万丈《はらんばんじょう》そのもの、「安定」や「安泰」とは縁がありませんでした。数多くの苦労や試練に直面し、辛さも悲しみもたくさん経験しました。それでも、絶えず前を向いて歩みを続け、喜び、楽しさも人一倍味わってきました。多くの方々との出逢い、様々な経験を、他の人の3倍速ぐらいで蓄積してきたように思います。

チアダンスチーム「Bears Ray」創部3年目当時

今の私の願いは、「私が愛する人たちの人生が愛で満たされ、いつも幸せであること」です。代々命が紡がれ、たくさんの方たちのお世話になって、今の私は存在します。命懸けで駆け抜けてきた54年間、その中で得た学びとかけがえのないご縁を丁寧に、大切に育みながら、愛と感謝の心を忘れず、これからもウェルビーイングを極め、志を全うしていきたいと考えています。

10代～80代まで、笑顔が自慢の「ベアーズレディ」

おわりに

私は２０２４年のここから、〝光の時代〟がはじまると思っています。誰もが夢や願いや希望を信じ、互いに照らし照らされ生きていける時代です。

何者かになるとか、何か大きな成果をあげることが大切なわけではありません。

あくまで主観的に、自分が自分の中で「今日も私はよくやった」「私は人を愛し愛されている」「私は人の役に立てた」「こんな自分でも誰かの大切なものを照らすことができた」と思えたとき、誰もがウェルビーイングを感じられるはずです。

誰かに照らしてもらう前に、自分自身が誰かの心、道、笑顔を照らすひとりなんだというそのささやかな事実こそが、人生の大きな宝になり、自信につながると確信をしています。

人はひとりでは生きられません。誰しも生まれてから今日まで、３時間と放置されることなくミルクやおしめの面倒を見てもらい、誰かの愛を受けて育ってきたから今日があります。あなたの存在は、愛からはじまって、愛に守られてきました。

それが、あなたの人生の基盤でもあります。

他人がいるということは、時に様々な摩擦や衝突もありますが、それは当たり前のこと。勝手に落ち込んだり、くだらなく思ったりしてしまう必要はありません。

すべてはあなた次第。あなたの人生のオーナーはあなたです。

人生は、あなたが見るもの、聞くもの、触れるもの、感じるものですべて成り立っています。ならば、自分が自分の〝心の軸〟を持って、何を選んで見て、聞いて、行うか、どうやって人生のレシピを完成していくのかということこそが、私はウェルビーイングだと思います。

人生は思う通りにはなりませんが、選んだ通りにはなります。

一度きりの人生、毎日毎分毎秒、〝今ここ〟の命の鼓動を感じながら、互いに巡り逢えた喜びに感謝をし、一緒に時を刻んで紡いで、未来に向かっていきましょう。

最後になりましたが、本書の刊行にあたり、多くの方にご協力いただきました。ウェブメディア「Ｄ－Ｃｏｍ（ディシジョン・コンパス）」での連載をご縁に、本書編集に携わっていただいた、日経ＢＰの太田憲一郎さん、フリーライターの小林佳代さん、お二人の力がなければ、この本は成り立ちませんでした。日経ＢＰの伊藤暢人さん、北方雅人さん、渡貫幹彦さん、鈴木麻理さん、多大なるサポートに心より感謝しています。書籍デザインでは、宮澤大樹さんが私の想いを形にしてくださいました。ベアーズの愛するＴＥＡＭコミュニケーションデザイン室の服部祥子さん、鬼原美優さん、いつも支えてくれてありがとう。

そして私の人生で出逢ったすべての方、今本書を手に取ってくださっている皆さまへ、心からありがとうございます。

２０２４年３月　　髙橋ゆき

髙橋 ゆき（たかはし ゆき）

株式会社ベアーズ　取締役副社長 CVO&CLO

自身の香港での原体験をもとに、夫と共に「家事代行サービス産業確立」を目指し、1999年に家事代行サービスのパイオニアであり、リーディングカンパニーである、株式会社ベアーズを創業。“新しい暮らし方の提案”“新しい雇用の創造”を軸に、「日本の暮らしの新しい文化」をつくっている。経営者として社員のウェルビーイングを第一に考え、社内3つの実業団の「総監督」も務める。
人生のウェルビーイングコーチとして、社内外から様々な相談を受ける。

【その他の活動】 東京きらぼしフィナンシャルグループ　社外取締役
株式会社YeeY　取締役CBO
一般社団法人　日本ウェルビーイング推進協議会 理事
一般社団法人　日本フェムテック協会 理事
一般社団法人　母性経営研究所 理事
一般社団法人　全国家事代行サービス協会 会長
一般社団法人　東京ニュービジネス協議会 副会長
東京商工会議所　特別顧問

※CVO：Chief Visionary Officer、CLO：Chief Love Officer、CBO：Chief Branding Officer

---

ウェルビーイング・シンキング

2024年 3月 3日　第1版第1刷発行

著　者	髙橋ゆき
発行者	北方雅人
発　行	株式会社日経BP
発　売	株式会社日経BPマーケティング 〒105-8308 東京都港区虎ノ門4-3-12
編　集	太田憲一郎
構　成	小林佳代
カバーイラスト	宮澤大樹
写真（帯）	松嶋 愛
デザイン	エステム
校　正	聚珍社
印刷・製本	図書印刷株式会社

本書籍に関するお問い合わせ、ご連絡は下記にて承ります。
https://nkbp.jp/booksQA

ISBN978-4-296-20449-6　Printed in Japan